谨以此书

向中华人民共和国成立70周年献礼！
庆祝大庆油田发现60周年！

2018年12月18日,中共中央、国务院授予王启民改革先锋称号

2009年9月10日,王启民被评为"100位新中国成立以来感动中国人物"

2018年12月24日,黑龙江省委书记、省人大常委会主任张庆伟,省委副书记、省长王文涛看望载誉归来的改革先锋——王启民

2018年12月28日,中国石油集团董事长王宜林看望改革先锋——王启民

2019年7月4日,中国石油集团董事长王宜林与全国劳动模范王启民热情交谈

2018年12月18日,王启民出席庆祝改革开放40周年大会

2019年5月1日,央视《新闻联播》再次聚焦大庆油田

王启民接受记者采访

2018年12月18日,王启民被中共中央、国务院颁授改革先锋证书和奖章

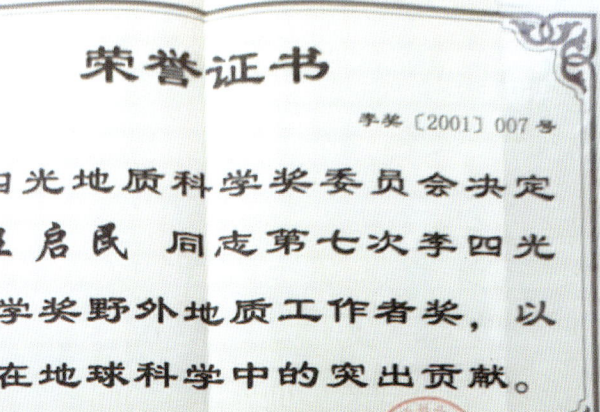

2001年，王启民获得第七次李四光地质科学奖野外地质工作者奖

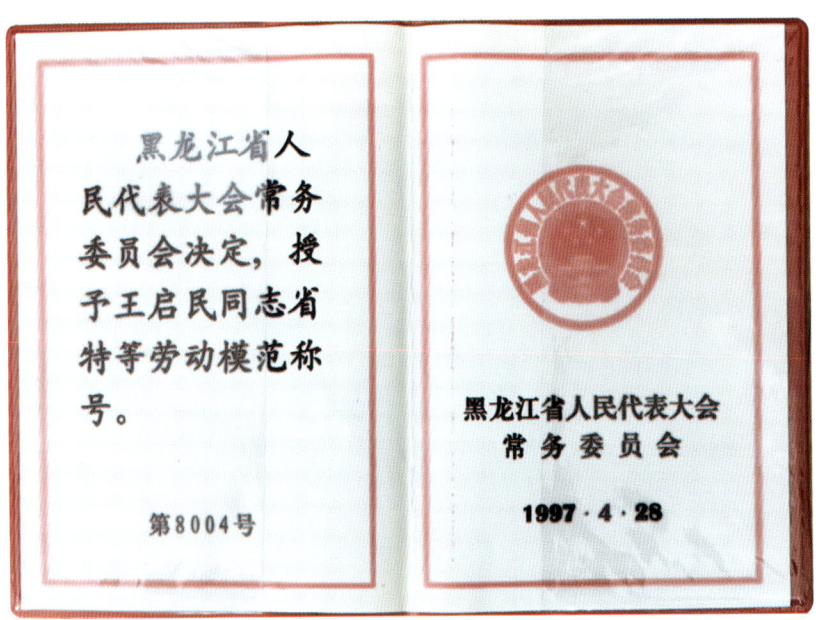

1997年，王启民同志被授予黑龙江省特等劳动模范称号

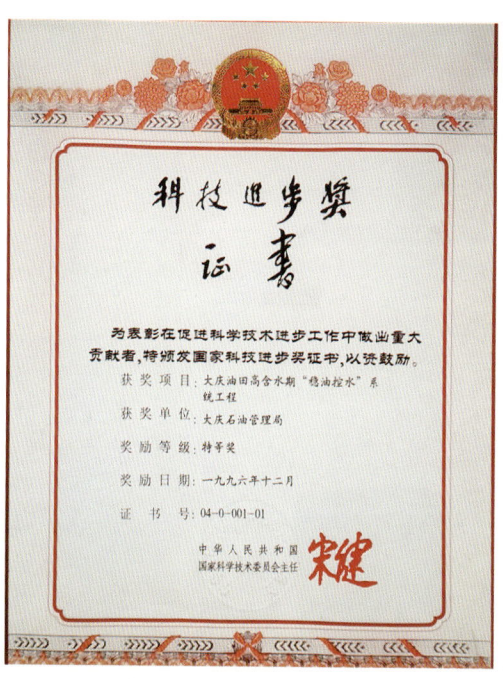

1996年,"大庆油田高含水期'稳油控水'系统工程"项目获国家科技进步奖特等奖

1996年,王启民荣获铁人科技成就奖金奖

1985年,"大庆油田长期高产稳产的注水开发技术"项目获国家科技进步奖特等奖

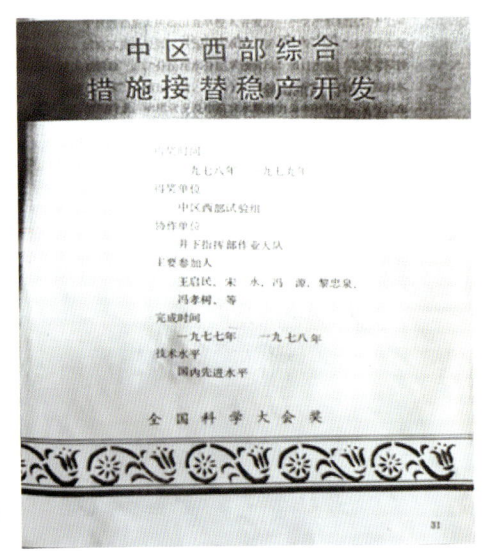

1978年,"中区西部综合措施接替稳产开发"项目获全国科学大会奖

改革先锋
——王启民

《改革先锋——王启民》编写组 编著

石油工业出版社

图书在版编目（CIP）数据

改革先锋——王启民 /《改革先锋——王启民》编写组编著 .—北京：石油工业出版社，2019.7

ISBN 978-7-5183-3509-1

Ⅰ.①改… Ⅱ.①本… Ⅲ.①王启民 – 生平事迹 Ⅳ.① K826.16

中国版本图书馆 CIP 数据核字（2019）第 145574 号

出版发行：石油工业出版社

（北京安定门外安华里 2 区 1 号　100011）

网　　址：www.petropub.com

编辑部：（010）64523541　图书营销中心：（010）64523633

经　销：全国新华书店

印　刷：北京晨旭印刷厂

2019 年 7 月第 1 版　2019 年 9 月第 5 次印刷

710×1000 毫米　开本：1/16　印张：16

字数：180 千字

定价：65.00 元

（如出现印装质量问题，我社图书营销中心负责调换）

版权所有，翻印必究

序

　　习近平总书记做出弘扬"石油精神"的重要批示以后，百万石油人深受鼓舞、倍感振奋，激荡起改革创新奋发图强的力量。在中共中央、国务院庆祝改革开放40周年大会上，"科技兴油保稳产"的大庆"新铁人"王启民被授予"改革先锋"称号。他是石油系统唯一获此殊荣的同志。一生只做一件事，那就是为国家开采出更多的油。在平凡的岗位上兢兢业业，用扎扎实实的技术创新、管理创新完美诠释了新时期石油科技工作者的"石油精神"，也用行动诠释了中国共产党人的初心和使命。

　　一部艰难创业史，无数精英谱华章。从波澜壮阔的大庆石油大会战，到原油5000万吨以上27年高产稳产，再到建设百年油田新实践，在大庆油田开发建设的各个时期，以王进喜、王启民、李新民三代"铁人"为代表的一代代大庆石油人，传承弘扬大庆精神、铁人精神，不断攻坚克难，谱写出一曲曲"我为祖国献石油"的壮丽诗篇。60年前，王启民同志作为北京石油学院的实习生来到大庆油田，正赶上一场气吞山河、波澜壮阔的石油大会战。亲身的实践与体会，让王启民感受到"国家利益高于一切"的强烈责任感、使命感。毕业后，王启民义无反顾，主动重返大庆，立志献身石油科技事业。从此，王启民与大庆油田的命运紧紧拴在了一起，探索油田开发规律也成了他永恒的追求。他和大庆油田的专家团队共同钻研，穷十年之功，绘制了油田第一张高含水期地下油水饱和度图，揭示了油田各个含水期的基本规律，并以集体的智慧相继发展形成了"分层调整开采"技术和"层系细分开发调整"技术，为大庆油田年产5千万吨长期稳产做出了卓越贡献。王启民和大庆油田专家团队把目光盯向了厚度只有0.5米的表外储层，并摸索出一套开发表外储层的技术，实现了由主力油层向薄差油层开采的过渡和产油量的接替。宁肯心血熬干，也要高产稳产，寄托科技梦想；无畏早生华发，引得油气欢唱，奏响盛世华章。作为一代石油人的杰出代表，王启民先后获得各种科技奖励22项，荣获过国家科技进步特等奖、"100位新中国成立以来感动中国人物"。这次又荣获"改革先锋"荣誉称号。他是石油战线的一面旗帜。

新时代，新担当。习近平总书记在党的十九大报告中深刻指出："中国共产党人的初心和使命，就是为中国人民谋幸福，为中华民族谋复兴。这个初心和使命是激励中国共产党人不断前进的根本动力。"国有企业从诞生之日起就始终不忘初心、牢记使命，坚持党的领导、听从党的召唤、服从党的事业，与国家和民族的前途命运紧紧联系在一起，以卓越贡献支撑起共和国红色江山，铸造出新中国经济辉煌。七十载风雨砥砺，百万人创新图强。时代铸造精神，精神映射时代。对我们石油科技工作者来说，不忘初心，牢记使命，就是要落实在科技创新上，

乌黑的石油中开出的理想之花将灿烂无比。拓展新思路，迎接新挑战，开创新局面，固然离不开科技进步，但精神坐标的把控更是重中之重。"铁人精神"的实质就是把国家利益看得比什么都重要，这种情怀是"爱国、创业、求实、奉献"的源泉，是中华民族自强不息、薪火相传的根本所在。

峥嵘七十载，圆梦新时代。今年是中华人民共和国成立70周年，也是大庆油田发现60周年。大庆油田有限责任公司和石油工业出版社携手合作，收集整理科技兴油保稳产的大庆油田"新铁人"王启民同志的先进事迹，采访他的同事、团队、家人，精心编辑，适时推出了《改革先锋——王启民》这部图文并茂的精品之作。本书采取讲故事的方式、富媒体的图书出版形式出版，娓娓道来又催人奋进。踏着铁人的脚步走是石油战线始终不渝的光荣传统，争做铁人式的好干部、好职工早已蔚然成风。愿本书能成为石油战线广大干部员工进一步净化心灵，鼓舞斗志的精神盛宴，激励我们共同为实现中华民族的伟大复兴奉献更多的能源，为保障国家能源安全做出新的更大的贡献。

国务院国资委新闻中心主任　

2019年7月

引言

他，出生于 1937 年 9 月 26 日，比大庆油田大 22 岁，与大庆油田同一天生日。

他，是大庆油田注水开发技术的一面旗帜，带领团队创立了一整套分层接替稳产的科学开发的新模式，攻克了表外储层禁区，为油田增加 7 亿多吨的地质储量。在持续稳产的艰难阶段提出了"稳油控水"新举措，使大庆油田 5000 万吨连续稳产 27 年。为使老油田焕发青春，在实施三次采油的进程中，提出了超高分子量聚合物驱油攻关新目标，为油田 4000 万吨再稳产十年做出了贡献。

他，辛勤工作 55 年，至今 82 岁高龄，仍每天坚持工作。

他说："我一生只做一件事，就是研究怎么开发好大庆油田。"他凭人生三字经："一""好""闯（创）"，定格了自己为油田奋斗一生的责任与使命，他用一生的努力，守望初心。

张庆伟、王文涛看望载誉归来的改革先锋王启民视频

在2018年12月18日举行的中共中央国务院庆祝改革开放40周年大会上，新时期铁人王启民被授予改革先锋称号，被誉为"科技兴油保稳产的大庆'新铁人'"，获颁改革先锋奖章。

12月24日上午，黑龙江省委书记、省人大常委会主任张庆伟，省委副书记、省长王文涛，省领导陈海波、张雨浦，中国石油天然气股份有限公司副总裁、大庆油田党委书记、大庆油田有限责任公司执行董事孙龙德，大庆市委书记韩立华等在哈尔滨看望载誉归来的改革先锋王启民。

目录

一 科技兴油保稳产

直面会战 /3
直面会战，激发潜质。走出敢为天下先的英雄之路。

逆向思维 /15
逆向思维，破旧创新。

初试密钥 /23
初试密钥，探索创新。寻找开启地宫金钥匙。

十年一剑 /30
十年一剑，砥砺创新。王启民找到了开启地宫大门的金钥匙，随即迅速出击。"六分四清"分层开采调控技术，在他的奋力中定格！

敢想敢试 /39
敢想敢试，突破创新。王启民突破低渗透层"低产能"的认识。

挑战极限 /48
挑战极限，逆境创新。王启民在一片质疑声中，开始了开采表外储层之旅，他能正确对待质疑，终于打破表外储层"开采禁区"。

化繁为简 /56
化繁为简，配套创新。王启民建立接替稳产开发新模式。

厚积薄发 /65
厚积薄发，积累创新。王启民提出"三分一优""稳油控水"的开发方针。

跨界探索 /74

跨界探索，合作创新。跨学科三结合，油田高含水后期，王启民提出，研制一元化高分子聚合物，运用新型驱油剂驱油技术。

传承铁人 /81

传承铁人，精神永驻。王启民践行创新三字经：铁、傻、智。

科研攻关结硕果

崭露头角 /91

1978 年，王启民的试验项目获了全国科学大会奖。这是他人生第一次获大奖，用血泪浇灌的成功之花，终于结出了令世人瞩目的硕果！

攀登高峰 /98

不惑之年，王启民又获大奖——国家科技进步奖特等奖。

再创辉煌 /105

1996 年，王启民再获国家科技进步奖特等奖。

钢浇铁铸 /111

"这是我们新时期铁人王启民同志。"

感动中国 /114

一个感动中国人物、一个时代领跑者！

改革先锋 /119

王启民被誉为"科技兴油保稳产的大庆新铁人"，被中共中央、国务院授予改革先锋称号，是获此殊荣的唯一一个石油人。

三 同心协力共担当

实事求是 /129
权威不以资格为准则，而是凭真才实学和实事求是的态度干出来的。

谦和坚韧 /136
一股韧劲，一股拼劲，来者不拒，敢为人先！

薪火相传 /139
王启民是值得我们敬佩的，为科技、为油田事业献身的人！

甘为人梯 /149
关心年轻人，培养青年科技人员，他们就像群星一样，撒满油田的各个角落。

言传身教 /155
淡泊名利，深藏幕后的无名英雄！

榜样力量 /159
深入学习、深入一线、深入群众、深入基层，直面现场，他把自己当成一名普通的科技人员，每天坚守在科研的第一线。

四 铁骨柔情真豪杰

苦难童年 /167
生于乱世，长于苦难。他的成功之路一路荆丛！

勤奋少年 /174
一个安静、有条理、有耐心、不知疲倦的少年！

冷门大学 /179
读大学、学地质，王启民拿出中小学跳级的拼劲，开始了他的学业。

良师益友 /183
忠厚长者，亦师亦友，得其点拨，受益终生！

痴情伴侣 /192
王启民是她的一切！她为王启民做什么都值得！

恩深似海 /202
父母情深，百善孝为先！

父严子孝 /210
一身正气，不争名、不争利，为远大理想持之以恒。

家国情怀 /218
担负国家重任，充当擎天大柱。

故乡情结 /223
故乡，一别就是一个花甲！故乡的一山一水都令他魂牵梦绕。

五 王启民大事年表

科技兴油保稳产 （一）

科技兴油保稳产

直面会战

> 直面会战,激发潜质。走出敢为天下先的英雄之路。

1959年9月26日,大庆油田的华诞,石油大会战从此拉开序幕。

1960年4月1日,北京石油学院赴松辽会战实习团,一行150多人,在地质系党支部书记尹道墨的带领下一路北上。石油学子王启民就身在其间,满心的昂奋。

▼ 北京石油学院赴松辽会战实习团

北京的四月春风杨柳,大庆的四月却是乍暖还寒。王启民首先接受了两个洗礼:一个是大自然的,冰雪未融、枯草遍野,头上青天一顶,脚下荒原一片;另一个是人文的,亲切的关怀、热情的鼓舞。眼前是两论起家,心中是铁人引路。

随着浩浩荡荡的会战大军,王启民和150多名同学作为实习生进驻萨尔图。萨尔图,蒙语意为月亮升起的地方,松基3井以北50公里,探井显示是面积广大、储量丰富的富油区。数万人马的云集,给游牧场带来巨大的压力,茫茫荒原只有几处民房和少许牧场用房。住,成了首要的大难题。夜晚异常寒冷,

▼ 浩浩荡荡的会战大军

职工们一无房屋,二无床铺,有的住在牛棚、马厩、地窖或临时支起的帐篷里,有的干脆青天当被,大地当床,在大草原上过夜。吃饭更是困难,缺粮少菜,连锅灶、炊具都不够,职工们只好用铝盔盛饭,脸盆熬汤,生一口熟一口的。

随着几万大军挥师北上,会战前线领导小组和会战指挥部机关也离开了安达县城那幢简陋的小招待所来到萨尔图。当地的红色草原牧场,正好有一些没有盖顶的牛棚闲置无用,指挥部机关的人们自己动手,找来苇席,和上泥巴,将牛棚封了顶。余秋里、康世恩等会战领导就在这又冷又阴的牛棚办公。此后,又陆续在火车站前搭建了些活动板房,形成院落。当时人们把这里称作1号院,成了会战指挥部地质勘探所的代号,沿用到了1963年。

至萨尔图后,王启民和恋人陈宝玲被分配到不同的岗位。王启民被分配到地处大同地区的试油队,从事完钻探井试油试采。陈宝玲去了地质指挥所(这是大庆石油管理局勘探开发研究院的前身),被安排到静态一室,去实践静态石油地质研究。分别的一天,萨尔图雨雪交加,整片原野一片迷蒙和灰白,他们瞬间便消失在茫茫风雪中,陈宝玲想再叮嘱几句已是不可能。陈宝玲去的是科研机关,条件相对要好,而王启民却要去边远试油队,陈宝玲无尽的牵挂无处诉说,8个月没有音讯。

顶风冒雪,王启民乘卡车去了80公里以外的葡萄花P探区。葡萄花P探区属于一探区,地处现在的大同。试油队的任务是获取探井的第一手地质资料和数据,了解千米地层之下的油层。准确的探井地质资料和数据,是判断油藏优劣的关键,

为确定勘探方向、合理编制油田开发方案提供科学依据。

"井在哪儿？"王启民在被称为井场的地方下车，只看到白茫茫一片，枯萎的芦苇折头断腰，参差不齐地斜刺着。他在雪地里深一脚浅一脚，好歹在一个结冻的水泡子边，找到了形似"树"一样的铁家伙，那就是采油树。王启民虽然是石油地质专业的高才生，可到大庆之前，还没见过真正的采油树。这时他才感到，要做这个大油田的主人，距离是太遥远了！

伫立于采油树前，王启民心潮起伏、浮想联翩。回想二十三年来所走过的路途，满是崎岖和坎坷！儿时炮火连天，少年几经磨难，本该读书的年龄，却在四处流浪，直到新中国成立后，他才正经上了学，到了青年好歹进了大学，又有父亲的"右派"压顶。他真不敢相信，如今真就踏上了条康庄大道！他感到无比畅爽，心中一片湛蓝的天。于是暗暗发誓，他一定要与这个大油田同生死、共命运！练就一双透视眼，把这千米地下看个通透！

试油队员住在离井场几公里的老乡家，王启民放下行李，就去队部报到，试油队指导员、队长一起接待了他。指导员最关心的是每一个队员的生活状况，他看到王启民身着棉衣棉裤，还披了件羊皮大衣，脸上挂满喜悦："好，看出你是有备而来，在油田扎根是没问题啦！别看一件行头，这可是表达一个人心理状态的可靠依据！想扎根油田吗？"

"当然！"王启民不善言谈，但他的果断却溢于言表。他当然要扎根，事先早与陈宝玲一家经过周密讨论，身上的行头可都是陈家二老给预备下的！

一 科技兴油保稳产

队长郭子正一听王启民要扎根油田更是喜出望外:"我们这里都是转业军人,油田大,技术人员少,顾不过来,你是大学生,学问最高,就当队里的技术员吧。"郭队长不管他是实习生还是毕业生,憨厚直率的他认为,只要念过大学,就是专家,更何况还要扎根油田。

试油队的工作看似简单,实为复杂,数据的准确提取,资料的正确分

▼ 1959年9月26日,松基三井喷出极具价值的工业油流

大庆油田名字的由来

1959年9月26日,在新中国成立10周年前夕,位于松辽平原的第三口基准井——松基三井喷出了极具价值的工业油流,从而宣告了世界上罕见的陆相沉积油田的诞生。

喜讯振奋人心,时任黑龙江省委第一书记的欧阳钦和省长李范五等领导纷纷赶来庆祝。途中,他们在车上议论:"松基三井喷油,正值新中国成立10周年大庆前夕,这不正好是向国庆献上了一份厚礼吗,这真是喜上加喜呀,应该把这个地方叫'大庆'。"

随后,黑龙江省做出了将大同镇改为大庆镇的决定,此后石油工业部又把这个新油田命名为"大庆油田"。

改革先锋 | 7

▲ 1961年的大庆镇勘探处大门

析,都需要有一定的专业知识才能把握,没有技术人员怎么行。

队长如此殷切绝不是空穴来风,大庆石油大会战对于每个单位、甚至每个人都是一场荣誉的竞争,王进喜榜样的确立,英雄气概的挥洒,对每个人都是一种强刺激。试油队成员大多都曾是受过战争洗礼的转业军人,更是荣誉感极强的部队战士,在这种英雄气概的感召下,孰能无动于衷?因而大家把实习生王启民看得很重。

献身石油的决心,建功立业的渴望,榜样力量的推动,集体氛围的烘托,王启民感到热血沸腾,于是,与队长紧紧相握,这一握结为终生纽带,这一握雄心已定!此后王启民全身心扑在了试油队。

王启民的日常排得极为饱满,白天,他上井采集、整理数据,晚上,他为工人进行基础知识讲习,稍有空闲,他又和工

一 科技兴油保稳产

人一起对照资料、核实数据，发现问题及时纠正，同时对采集手段进行学习、切磋。后来，觉得住处距井场太远，几公里的行程，来回个把小时就耽误在路上。为了节省时间，也为了便于夜间观察，他索性搬到了井场。井边有一座小房子是锅炉房。冬天太冷，得给井口加温，不然油就流不出来。王启民干脆住进了这座小小锅炉房。

队长对王启民的敬业精神十分感动，他说："这哪行，大家都住民房，哪能把你一个人丢在这儿！"王启民说："这儿靠油井边，工作起来十分方便，白天夜里都能照应。"谢绝了关照，王启民独自住了下来。锅炉房里没有床，王启民就睡在一条长凳上，锅炉房里水气

大,旁边还有个不小的水泡子,空气湿度就更大,才睡了个把月,他就觉得腰部隐隐作痛,工作中时不时捶捶腰,脸上不自觉地透着痛苦。

试油队的同事看在眼里,为他担心,劝他说:"这里睡不行,会睡出大病的,还是跑点路去住民房吧。"王启民想,住民房固然好,可浪费那么多时间由谁来补?再说,那个年月政治氛围极为紧张,大家的神经极为敏感,独处可以免去诸多矛盾、心理角斗,更可以享受广阔的心理自由,因而沉吟半晌没作答。不想同事们愈加催促,王启民便突发奇想:"不然我们也修个干打垒怎么样?"大家说:"也好,我们也正嫌路太远耽误

▼ 干打垒

科技兴油保稳产

事。"说干就干，不久，一座干打垒就起来了，还是布拉吉式。那是帐篷和干打垒的结合，房顶是帐篷，房壁是干打垒，远远看去像极了苏联姑娘穿的裙子——布拉吉。它的好处是，比帐篷更禁风雨、更保温，修起来又比干打垒省事。起四堵墙不难，给四堵墙封顶却不是件简单的事，既有材料问题又有安全问题。盖好了干打垒，大家高高兴兴住了进去，既解决了住的问题，又感受到了乡土人情，住得舒服，感觉更舒服，那是亲手盖的，是自己的劳动成果！从此，有了自己的基地，不用再住老乡家，也不用"天当房，地当床"了。

然而，王启民他们却犯了个大错误，没有在新盖的房子里盘上火炕。王启民是南方人，不懂得北方火炕的种种好处，更不懂没有火炕的种种坏处，却认为锅炉房换了干打垒，长条凳换了行军床，他认定那潮气弄出来的腰病，从此便可不治而愈。哪知半年后，他彻底得了类风湿。仗着年轻也仗着工作繁忙，他置病痛于不顾。后来腰一度无法直立，更是始料未及！

这期间，油田多次召开了技术座谈会，第一次油田技术座谈会，主要是为了树立地质工作者的科学态度，进一步搞清油田地下情况。这些内容都与王启民的实习有关，因而王启民记得格外真切，而且一直毫无条件地身体力行。会上深刻总结了以往油田勘探开发的经验教训，认识到要搞好勘探开发，首要的是要充分掌握地质资料，搞清油田的地下情况，那么应该取得哪些资料数据？又怎样去取得这些资料数据呢？这个简单又基本的问题，在当时却没有统一的标准！当时在会上，共提出了20个问题，根据这20个问题，提出要取准72个数据。最

后,确定了大庆长垣钻探和开发过程中必须取全取准20项资料、72个数据。经过石油工业部党组批准,形成了第一项地质技术规范。

这些壮观情景,对刚到油田实习的王启民来说,简直就是无穷的动力。这次会议关于勘探开发上的一些技术问题,对于王启民已是很大冲击,而铁人王进喜对他更是一个震撼!这是与铁人精神最初的碰撞,灿烂而辉煌!这也许是王启民日后能成为新时期铁人最原始的教化!从此,在王启民心中正式形成了人生策略三字经,这就是:"一""好""闯(创)"。"一":专注执着,一生只干一件事。"好",开发智能,把这件事做好。

▲ 王启民现场分享

科技兴油保稳产

"闯（创）"，积淀认识，逐步破解难题！

这一时期，油田开发尚未开始，反复研讨如何下手。由于中苏两党关系恶化，苏联陆续撤走专家。他们大言不惭地扬言："离开了我们，你们中国人不可能开发这样的大油田。中国人开发不了三高油田，除非把大庆搬到赤道上去！"

针对这些言论，大家展开了热烈的讨论。虽然大家都有新中国主人翁的心性，可开发这样的大油田，我们确实没有经验，国外的做法也不能照搬，怎么办？苏联专家断言，中国人靠自己的力量，根本开发不了这么复杂的油田，就算找到了，也拿不下来！

王启民心性极高，听了这些言论不禁心潮翻涌，他接受了这么多年的教育，仅地质科学就学习了整整五年，难道他真就守着个大油田却拿不出油？就不信他外国人长着三头六臂！年轻的同事们也都不服，心里都憋着一股劲。

1961年8月，地质实习结束，王启民返回学院做毕业设计。1961年9月毕业分配时他强烈要求回到大庆油田就业。当时被分配到地质指挥所动态组，成为了一名石油地质战线的新兵。

这股劲终于找到了突破口。转眼1962年春节到了，联欢会上大家吹拉弹唱，表达各自的想法。该轮到王启民所在的动态组出节目了，主任王乃举与王启民他们共同琢磨出了一副对联，上联是：莫看毛头小伙子，下联是：敢笑天下第一流，横批是：闯将在此。还特别将"闯"字里的"马"写大，几乎冲破门框。意思是要像脱缰的野马，冲开大门，靠自己的力量，

闯出天下第一流！王启民还特别注释，"马"字的繁体，下面是四个点，昭示着做事必须像马那样四脚落地，这四个点分别代表实际、实干、实效、实践。通过实践，发现矛盾，解决矛盾，再去实践，这就上了一个台阶，直至创新。从闯到创，闯中有马，创中有人，人才能抓住主要矛盾，才能不断推进事业向前发展！

王启民的体会

要把奋斗的目标定位在自己所热爱的、国家所需要的事业上，因为国家的需要是最好的激励，自己的兴趣是最好的老师，两者结合起来，一辈子只做一件事，不受各种"功利"干扰，发挥自己的闯劲、拼劲和韧劲，才能为事业的发展不断做出贡献。这就是我笨人想的笨办法。

▲ 当年贴对联的茅草房

一　科技兴油保稳产

逆向思维

> 逆向思维，破旧创新。

油田已开采5年，开采形势喜忧参半。1964年9月，领导决定召开大会，总结注水开发的经验教训，不然油田将面临水害大于水利的被动局面。

1960—1963年，由于还没有研制出适合的分层封隔器，只能采用笼统注水。这一结果造成了三快、一突进，即油井见水快、含水上升快、产量递减快，注入水沿着某一层段突进，被认为是注水井层间矛盾突出。

1964年，水力压差式封隔器终于研制成功，开始分层注水，结果又是三低、一突进，为了控制油井含水上升，高渗透层井点甚至停注。

1965年，开始分层开采，结果仍是低速、一突进，使注、采两端都限制高渗透层开采，采油速度必然低。

先锋的话

逆向思维

思路决定出路。解决问题，如果因循守旧，形成思维定式，即使办法再变化也只能一再品味失败。通过逆向思维，勇于实践，就有可能找出正确的新路。

1966—1970年,又实施"六分四清"分层开采,结果仍是两降一升,造成采油速度低,含水上升快。

这些结果都是因地下油层的非均质性严重,油层结构千差万别造成的。注入的水只能进入一两个高渗透油层,造成严重的单层突进,致使油井见水过快。尽管采取了一系列措施,诸如,对注水井实行分层配注,控制单层突进,又严格控制高渗透层注水,甚至暂时停注,而油井仍然笼统生产,其结果是,油层压力虽然不降,产量却在递减。后来又在油水井高渗透层分层段

> **六分四清**
>
> 六分:分层注水、分层采油、分层改造、分层测试、分层研究、分层管理
>
> 四清:分层压力清、分层产油量清、分层(段)注水量清、分层出水情况清

▼ 油田召开总结大会

科技兴油保稳产

装上小嘴子，以控制高渗透层的注水和采油，设想的这个办法既能控制开采，又能实现注采平衡。事实上，这个方法并不像想象的那么简单，虽然在一定程度上缩小了不同油层开采速度的差异，控制了含水上升，但却导致了该高产的油层不能高产，而注入的水却还是沿着原来的高渗透层突进。这是当时的地质专家们最头疼的难题，"温和注水，均衡开采"走进了死胡同。

那次技术座谈会开得很热烈，会上有人又提出"温和注水、均衡开采"的方式是正确的，开采效果不好主要是注水量低，不应限制在每米油层每天注5立方米水，而应该注10立方米水。讨论气氛开始升温，有的说该多注，有的说该少注。有的说该注5立方米，有的说该注10立方米，有的说甚至更多，大家议论纷纷相持不下。

这局面，实际上是由于对油田地质情况认识的局限性所致，借鉴苏联的油田注水开发经验，不符合大庆油田油层的复杂情况，如何注水开发的研究势在必行。

多年埋头现场搞试验的王启民，经过深思熟虑，清晰梳理的理论依据渐趋成熟，他不顾自己是个普普通通的动态开采技术人员，也不管自己还是个毛头小伙，不到而立之年的王启民，力排众议，慷慨陈词："注5立方水不行，注10立方米水也是换汤不换药！温和注水难温和，均衡开采不均衡！"

会场瞬间一片质疑，众人将不同的目光投向这位未见经传的年轻人，很多人认定，这说法简直就是天方夜谭！一时间，否定的言论铺天盖地，暴风雨般砸向身心尚且稚嫩的王启民。好在油田开发之初，领导就提倡科学民主，鼎力支持王启民的

发言。可根据何在？那必须得说出个一二三，才能让人信服，与会人士无不拭目以待。

王启民胸有成竹地说："大庆油田不是滨湖相沉积，应属于河流相沉积，从中区西部看，这里共有 45 个层位，厚的七八米，薄的不到一米，渗透率相差上百倍。就是从同一油层看，其间的差别也是相当大，主体部分厚几米，边缘部分只有几十厘米。注水井中，各小层的吸水能力也相差上百倍。由于各个油层之间、同一油层的不同部位之间，差异都很大，这种储层非均质性严重，要人为地达到均衡开采，是违反客观规律的！我们只有充分利用这些不均衡特点，采取相应的开采措施，才能适应地下实际状况。因势利导，逐步强化，转移接替，才能保证油井高产。"

科技兴油保稳产

接下来，王启民将具体做法详细介绍。王启民的"一破一立"，语惊四座。看着年纪轻轻就因风湿病而弯了腰的王启民，大家一时间感叹嘘唏——终究是天公不负有心人！

概括起来看，当时是油田开发初期，套用苏联开发方法，结果试验区注水三年，水淹一半，采收率3%到5%。1960—1970年，尽管想尽一切办法，还是一味地未改变被动局面。王启民运用逆向思维、典型井试验，发现了注入水运动的基本规律，并利用自然规律，因势利导，从实践中总结出新的注水方法，就是非均质注水采油方法，此方法既可以快速提高区块产量和采油速度，又可以控制区块含水上升过快，还可以实现产量在平面上转移接替。

这就是王启民找到的开启地宫大门的第一把金钥匙。

一阵阵掌声后，油田总地质师闵豫拍板定案："你两论学得好，讲得很有道理，要快些拿出新方案。"还说，"你带一个小组，把你的这些观点大胆地试一试，我看没问题。等你的好消息！"

在众多领导和地质专家人士的鼓励下，王启民与另外两个同事选择了一口含水已达60%的油井进行试验。这口井的状况是产量由初产60吨下降到了30吨，主力油层已停止注水，压力下降。开始试验后，他们恢复注水并逐步提高注水强度，每米油层注水量由5立方米提到30立方米，在油井上，相应地逐步提高采液量，保持注采平衡，压力稳定。试验结果是油井的日产量由试验前的30吨上升到60吨，高出原来一倍。而油井含水却一直保持稳定。此后，这一成果在油田开始全面推广，

进一步证明了它的科学性。

这种单砂体完善注采系统被称为非均质开采方法,从此,再也不用怕水患、怕突进、怕含水上升快。王启民认定:做事一定要遵循自然规律,违背规律步步艰难,顺应规律一路坦途。

大庆油田中区西部有一个面积为9平方公里的试验区,这是大庆油田探索经验、指导油田开发的"窗口"。此后,这个试验区就成为王启民的试验基地,这等于给了油藏工程专家一个大实验室,王启民把这个试验区就像珠宝一样珍爱着,最初的科研成果都是在这里完成,这里到处凝聚着王启民的智慧和汗水。

"温和注水、均衡开采"的传统观念被"三个自然规律利用"非均质注水采油的新理论冲破后,不仅使区块采油速度由

一　科技兴油保稳产

1.1%上升到2.0%，而且还为油田开发提供了理论和实践的依据，闯出了中国自己的注水开发油田的新路子。从此，大庆油田注水开发有了样板，王启民也迈上了一位油藏工程专家的第一个台阶！

那么，注水开发新、旧两条路子的差别，究竟在哪里呢？这个巨大的差别就在于对大庆油田地质沉积相认识的不同。

原始开采的路子，由于开发初期套用苏联的开采方法，这一方法，是建立在湖相沉积的前提下，湖相沉积油层相对均质、成片状。因而，当时的地质专家们提出三条规定：一是用横切割注水，两排注水井中间夹三排生产井；二是采用温和注水，水线前缘要均匀推进；三是油井见水要迟，无水采收率要高。按照这套方法注水后，结果很快油井见水，含水上升，产量递减。致使注水三年，水淹一半，采收率不到5%！

而王启民探索的新路子，却是在河流相沉积的前提下进行开采。通过借鉴沉积相研究的新成果，他认识到：那些高渗透厚油层是由不同时间单元叠加而成。一个河道的砂体，最早沉积形成的一般都在底部，最容易水窜、水淹。而上部或边部由于渗透率相对低，见水晚，含水上升也相对慢。在一个开发区块内的平面上，应该由多条河流沉积的砂体交互组成，当然就很复杂，也是与前者巨大差别之所在。这是对注入水运动规律的重大发现，是个突破！

当时国家经济困难，决定增加原油出口，多换取外汇，国家要求大庆油田要生产更多的原油，以缓解国民经济面临的困难。

1970年上半年，机遇终于来了！石油工业部开发司司长谭

文彬来到大庆,与油田总地质师闵豫在油田研究院4号楼小会议室商讨落实对策,他们知道王启民曾搞过培养高产井的试验,就把他叫了过去。王启民便对提高油田产量、提高开采速度问题谈了自己的看法。又说了此前的温和注水、均匀注水,是脱离实际的错误做法,应赶快破除。经过严密讨论,王启民的决断自信赢得了领导的信任,于是就将中区西部试验区交给王启民做提高采油速度试验。

中区西部试验区是油田最早的注水开发试验区,10年来,一直在探索注水采油先导性试验。现在交给了王启民,王启民认为,这对他是一次挑战,更是给了他发掘自身潜能、开发好油田的大好机会,他格外珍惜!

自此他认识到,一个人的知识和才能,很难一时被人完全发现或承认,甚至有时连自己也不知道,但有了机会和压力就不同了,只要肯努力,就能把潜在的才能挖掘出来,把愿望变为现实,让机遇为自己服务!王启民不放过任何一个机遇,而机遇也给了他丰厚的回报!

亿万年前,纵横交错的河流和广纳百川的湖盆给大庆油田的地下留下了一座博大精深的石油地质迷宫。油田开发是一个由简单到复杂的认识过程,大庆油田始终坚持试验先行的总基调,在汲取各项油田开发成果及现场试验的基础上,产生了新的认识,取得了稳产效果。王启民身在其中,迎难而行,决心用毕生的精力追求大庆油田采收率的日益提升!

一 科技兴油保稳产

初试密钥

> 初试密钥，探索创新。寻找开启地宫金钥匙。

中区西部开采了10年之际，油区进入中含水开发阶段。能不能把采油速度提高2%以上，并继续保持较长时间稳产，这是油田的一个重大课题。

此前，王启民已用了几年的时间在该地区录取了上万个数据，积累了丰富的资料。从这些资料和数据中他了解到，除主力油层外，大庆油田中低渗透油层和薄差油层十分发育。那时他就意识到，大庆油田要保持长期稳产，就得走先肥后瘦，先厚后薄的路子。他认真研究了这些中低渗透层和薄差油层，不仅面积大，储量还十分可观。有了这些依据自然胸有成竹，他有条不紊地设计了自己的方案，决定先从提高主力油层的采油速度着手，只有采油速度提高了，高产才有可能。

先锋的话

认识机遇

机遇往往与困难和风险相伴，惧怕风险与困难的人把握不住机遇，勇于挑战风险和困难的人，他们能够发现掩藏在风险和困难之下的机遇。

　　王启民首先通过提高中、高渗透层的注水强度,同时调整油井的层段和全井的工作制度。单独卡住高含水的产水层,控制油井含水上升速度,对受效较好的差油层,通过压裂改造,为更多的油层出油创造条件。这些措施使全试验区日产原油量从1500吨增加到2000吨以上,采油速度由1.1%提高到2.0%。这个速度是20世纪70年代根据老储量计算出来的,这个速度保持五年稳产。

　　这项试验虽然本身规模不大,但意义深远。即利用基础井网和主力油层,采用保持压力、逐步提高注采强度的方法,可以在油田开发前期,保持一定时期的高产稳产,获得较好的效果。从此突破了长期以来"一时高产,难于长期稳产"思想的束缚,创出了在多油层、非均质严重的油藏条件下,提高采油速度、适时夺取高产的新路子。

　　为什么他会如此神速又如此顺利呢?当纷繁的数据资料在他头脑中幻化为亿万年前的河流沉积,他的思路便豁然开朗!河的底部砂岩沉积厚,而向两边延伸的河床砂岩则逐渐变薄。在砂岩厚的底部打井,就会遇上厚油层,渗透率就高,自然产量也就高。而边部的砂岩薄并且渗透率低,这样的油井产量自然就低。他早就认识到这一步,因而,那时他就提出了"短命高产井""长命高产井"的概念。现在看,"短命高产井"是打在河流沉积底部的井,特点是高渗透、见效快、先水淹,因为这样的井不可能长时间高产。依据这个理论,所以他提出,对这样的井应该不失时机地夺高产,做到有油就快流,不怕这些井含水迅速上升。而对河流沉积边部的井,则采取多个油层同

一 科技兴油保稳产

时开采。底部砂岩高含水后，再向边部推进，这样就能接替培养一批又一批新的高产井，以保持较长时间的稳产。这就是王启民著名的"因势利导，接替稳产"。

理论是实践的明灯，王启民关于河流沉积理论以及培养高产井的建议得到了油田领导和科技工作者的认同。至此，大家总算弄明白了高产井的产量很快下降的根

▲ 王启民在现场工作

源。从此，接受了王启民提出的"河底潜力河边挖，沟底递减沟边补"的提法，从而消除了高产油井早见水的心理阴影，使油田进入了高产的黄金期。

这一期间，一方面加大"短命高产井"的开采力度，使之尽快上产，另一方面增强"长命高产井"的全面培养，使之接替稳产。从而使油田开采技术向前推进了一大步。全油田涌现出300多口百吨以上的高产井，其中一厂南一区3排27井持续20年高产，成为油田第一个产量超百万吨的"功勋井"。

王启民的聪明才智，在现场实践中得以高扬。他意志坚韧，无私奉献，世俗的偏见对他无能为力，面对世事的错位他无所

动摇。他全身心地投入，从不半途而废！

自他1964年初那次技术座谈会上语惊四座，石油大业开路先锋的重担就历史性地落到了他的肩上。他之所以能成为石油大业的扛鼎人物，都是智慧和汗水的投入。他给自己定位，他并不是天才，只是比别人多下了些笨功夫。多年的试验中，他研究分析了大量的资料和数据。后来，油田总地质师闵豫让他汇报试验区的情况，他不拿图表，不看资料，将试验区所有的油井，一口一口地分析介绍，陆陆续续汇报多次，从此王启民博得油田的"活字典""数据库"的美名。

他指出，其实大庆的地层是一层层的岩石，石油就渗透在其中的一些孔隙中。石油地质工作者必须是身在地面，心在地层。油层有多厚、油层有多少，范围有多广、埋藏有多深，油水如何运动、如何分布，不同层的流速有多快、压力差异有多大、温度有多高，各种参数如何变化等，每一项都得去精心收集、周密研究，从而拥有庞大、复杂的第一手资料。然后再经过实验室各种参数的测定、模拟试验和数值模拟计算。最后还要做物理和化学分析，以准确认识，掌握千米地下油、气、水的动态规律。王启民就是这样穷他前十年之功，通过"六分四清"中的分层管理方法积累了大量的资料，保持了试验区的高产稳产。

经过多年探索，王启民终于摸清了油水在平面上和剖面上的分布情况，搞清楚了油水的层间矛盾、平面矛盾、层内矛盾及其演变过程，从而揭示出油田不同含水期开采的基本规律和稳产办法。

一 科技兴油保稳产

由此,在生产实践中,王启民的思路发生了突变。油井天天采油,水井天天注水,每口井所采的油层,时刻都处于变化之中,油层是活的!要认识活的油层,就必须摸清油水运动规律。要摸清油水运动规律,就必须掌握油井的每一个变量。而认识这些变量,重要手段就是掌握油井的全部测试资料,这就是他为什么要成年累月地泡在现场。

头脑有了清晰的概念,心中有了不紊的条理,王启民启动快线直通车,他首先向大厚油层要产量。他按照地下油水运动的客观规律,因势利导,在保持油层压力的情况下,实施分层注水,合理放大产液量,让厚油层先受益,先高产,实行整体上的分阶段接替开发。

他所试验的那口典型油井,当时含水已达60%,日产已下

▼ 王启民与科技工作者交流

降到 30 吨。经过调整，居然又回升到 60 吨！这就充分证明让厚油层"快跑"是明智的，是科学的。这一科学方法在全油田铺开，使主力油层得以全面解放，那些曾被压抑了的百吨以上的高产井又开始成批涌现，采油速度迅速提高。年产 5000 万吨的峰值，已隐约出现在大庆油田石油人的视野。

这期间，中区西部试验区的油井平均含水已上升到 54%。面对这种状况，如何控制含水上升，如何保持高产稳产，王启民依靠他多年来的知识和实践储备，运用已成熟的采油工艺技术，设计实施了压裂、找水、堵水、分层调整、分层作业等一系列有效措施。

从每口单井入手，王启民不分昼夜，不讲条件，不管哪口井产量掉下来，他就赶到那口井去实施"拯救"。就是这样，中区西部试验创造了连续稳产、单井日产 40 吨基本不减的奇迹！

放大油嘴、解放主力油层、加强注水、调节层间矛盾等措施，对整个大庆油田的长期稳产，产生了深远的影响。

王启民作为试验的主要负责人，他的思维在千米地下，追踪着亿万年前河流沉积的走向，他的两脚于涝洼泥塘间，寻求着时至今日每口油井的数据，他的魂就在试验现场，全心地看护，苦

先锋的话

固定思维

固定思维要不得，脑子一固定就很危险。摆脱固定思维，让思想活跃起来，才能挖掘我们身上未曾被挖掘出来的潜能，才能使工作有所创新。

一 科技兴油保稳产

苦地探索。

中区西部试验区占据了他整个大脑。凝聚着心血和汗水的科研成果，关于江河、湖盆沉积理论和培养高产井的措施，使油田开发技术向前推进了一大步！大庆油田根据王启民的研究成果，将实现年产5000万吨的目标整整提前了5年！这一基础性实践为日后"十年磨一剑"打下了坚实的台阶。

1976年，在国家统计局年报上出现了"大庆年产原油5030万吨"的消息。这行闪光的数字表明，大庆油田开创了具有中国特色的油田早期内部注水开发、保持地层压力、长期高产稳产的崭新道路。

十年一剑

> 十年一剑，砥砺创新。王启民找到了开启地宫大门的金钥匙，随即迅速出击。"六分四清"分层开采调控技术，在他的奋力中定格！

自1960年起，王启民用了10年的光阴摸清了大庆油田油层为河流、湖盆相沉积，断然向传统开采理论发起挑战，破温和注水、均衡开采的理论，立逐步强化注水，形成非均质开发理论。这一"破"一"立"，一扫地下炸弹的恐慌，变炸弹为规律，一举拿下开启地宫大门的金钥匙，将原油产量推上5000万吨！

1970年6月，王启民开始了他的分层开采接替稳产之旅，于中区西部试验区一干就是十年！他把这一坚持叫作"十年磨一剑"！这个"十年磨一剑"是指1970年至1980年期间，他们坚持实践第一，找到了"六分四清"分层开采调整控制的方法和技术，这一措施可以保持较长时间的高产稳产。这时，地下油水运动状况已十分复杂，主要矛盾是油层多，纵向上、平面上、层内部非均质十分严重，时称"三大矛盾"。注入水在油层中的分布、演变是动态的，长期注水后，就更为复杂，关键就是如何清楚掌握它的分层动态与演变，找到办法，搞好调整。

而对如此复杂的地下情况，王启民他们只有长期钉在试验现场，了解掌握地下情况，还要坚持住，一是坚持实践第一，以取全、取准资料；二是坚持认识、调整、再认识、再调整，

一 科技兴油保稳产

在循环往复中，长期认识分层动态的差异和演变。

1975年，中央领导对当时国民经济进行全面整顿，出现了一些好势头。8月，为了缓解国民经济压力，主持国务院工作的邓小平再次要求石油战线"要大力开采，尽可能多出口一些"。

王启民清楚，要产量必须得有储量作后盾。油田的原油储量是按油层厚度计算的，1975年以前，大庆石油地质储量计算下限为不小于0.5米的油层。小于0.5米的油层，由于开采难度大，便忽略不计。国外一些石油大国更是全部放弃。以这种静态方法计算，得出油田总储量大约为25亿吨。王启民使用动态方法，要保持年产5000万吨稳产，就必须让所有投入开发的油层都发挥作用。

大庆作为共和国最大的油田，为国分忧责无旁贷，这是大庆人的责任和义务！10月，油田领导班子就提出年产上5000万吨，稳产要十年的奋斗目标，决定第二年攀上年产5000万吨原油的高峰。

王启民尚未得以喘息，就开始向他人生的第二个目标进发，他要去寻找第二把探秘地宫的金钥匙——如何在高产的前提下保持较长时间的稳产！

1975年，中区西部试验区已开采了15年，进入中含水期，地下油水运动状况更为复杂。渗透率较高的厚油层，层层见水，薄而差的低渗透油层几乎没有动用，高中低含水率各占1/3的情况下，如何继续保持油田高产稳产，是个亟待解决的重大课题。

当时，在油田上有两种不同的认识。有的人认为，主力油

层含水这么高,靠主力油层稳产已很困难,只能加大对其他油层的开发,才能继续保持稳产。另一种,就是王启民所持的独特见解,他从采油工人提出的"自然水路"现象中,受到了很大启发。结合中区西部现场试验,他认为多数油井含水虽然很高,但采收率却不到30%,决不能说主力油层就没有潜力可挖。他认为,主力油层开发潜力仍然很大。含水上升快的原因,主要是在高渗透部位形成了水道,这并不等于高渗透主力油层全部水淹。

王启民还针对大庆油田即将到来的"中高含水期",预先在中区西部试验区开展了"中高含水期"的开采试验。这是个基础性的研究工作,通过中区西部的试验成果来探索全油田下一步的稳产措施。为了证实他的这些观点,他在试验区打了4口检查井。从检查井取出的岩心看,好油层大部分只是底部被淹。有一口井的一个好油层,共有14米厚,底部水淹只有3.2米,这说明主力油层的潜力相当可观。只要有办法将这些油采出来,高产稳产才有保障!

那么,大庆油田年产5000万吨,到底能稳产几年呢?这是个分量很重的问题,举国都在翘首。英雄的大庆人,毫不犹豫地给出了答案:年产上5000万吨,稳产要10年!这是个令人吃惊的数字,世界同类油田稳产期最长12年,短的只有3至5年。大庆油田与世界同类型油田相比,地质情况要复杂得多,开发起来更加困难。如果实现年产5000万吨稳产10年,将使中国油田开发水平跨入世界领先行列。要实现这个目标,就必须有一整套开发方法,还得有配套的工艺技术作保证。进入中

一 科技兴油保稳产

高含水期开发阶段，能不能把采油速度提高到 2% 以上，并继续保持较长时间的稳产？王启民的回答是责无旁贷！

1975 年 10 月，油田党委在编制新的五年规划时，王启民详细解剖了中区西部试验区的稳产经验，并根据试验区提供的各种数据倡议在全油田开展了地下大调查。经过充分调查论证，认为按中区西部的做法，立足于现有井网进行挖潜，全油田把采油速度提高到 2% 以上，1976 年便可实现年产油量达到 5000 万吨的目标。然而，能不能将这一目标延续 10 年，甚至更长，还是个未知，人们又不免疑虑重重。

面对种种疑问，王启民义无反顾地再次出击，他将用自己的智慧和汗水做出坚实的回答！经过缜密的思考，王启民清理出四条思路：

第一，向储量要产量。当时用静态法计算，大庆油田总储量为 25.70 亿吨。王启民根据长期现场试验的多项储量参数测算，要远远超出这个数字。于是，与研究石油地质储量的同志合作，从典型区块出发，用动态法对油田地质储量进行了认真复算。所得结果，地质储量比原来增加 16 亿多吨，其中差油层储量增加了 9 亿多吨，使大庆油田主力产油区的总储量上升到 41.74 亿吨。

第二，向工艺技术要产量。根据他多年来研究的油水在油层中运动的特点，将层间矛盾、层内矛盾、平面矛盾与储层动态结合起来，把同一组油层按自身特点细分为若干小层，把条件类似的低渗透层放到一个层系中，并针对不同特点采取不同开采方法，这个方法就是"六分四清"。此时的"六分四清"，

已不是20世纪60年代的概念,而是在认清了地下油水运动的特点之后的综合措施大调整,以强化分层注水和分层改造薄差油层为主要进攻手段的深度挖潜。

第三,向低渗透层要产量。早年现场试验中,他就认真研究了大庆油田地下的低渗透层和薄油层,他发现这些油层面积很大,储量十分可观,是一个巨大的未被动用的地下宝库。

第四,向更低渗透层要产量。长时间的现场试验告诉他,大庆油田由于在形成过程中极具特殊性,造成了地下油层多,层间变化大,致使0.5米以下的表外储层也十分发育,这些储层甚至呈斑马纹、千层饼、豹斑点状。单独看这些层很瘦,但是加起来就很肥,成为一座座未被打开的资源宝库,若是找到相应的开采方法,这些都是高产稳产的后备。

此时,党中央恰好要求把国民经济搞上去,石油化学工业部也要求大庆提前在1976年年产原油达到5000万吨的生产水平,大庆油田随即便提出了"高产上五千,稳产要十年"的奋斗目标。在这一历史大背景下,上产不易、稳产更难,千头万绪,应该从何着手呢?

大庆油田根据王启民的建议,率先开展了四项大调查,以弄清自己的家底。第一项:国内外油田开发状况大调查。第二项:油田地下大调查。第三项:采油工艺大调查。第四项:油田地面设施大调查。经过为期半年的大调查,搞清了油田开发中存在的问题和实现年产5000万吨稳产的潜力,据此,制定了十年稳产规划目标和原则。

实现5000万吨,十年稳产计划分两步走,前五年和后五

一 科技兴油保稳产

年开采对象将发生重大转变。

前五年，立足于现有井网、立足于主力油层、立足于自喷开采、立足于现有工艺技术，保证稳产。

目标一经确定，路线已经指明，王启民又开始了新一轮的搏命！在他确定了四大思路之后，便紧锣密鼓地付诸实施。

对主力油层采用细分工艺，将注水、堵水、采油、压裂结合起来，提高注水驱油体积。对差油层进行分层压裂、双管采油、部分井重新补孔，完善注采系统，加强差油层注水措施，提高井网中连通性好的中低渗透油层的采油速度，以弥补高渗透、高含水油层递减的产量，实现全区稳产。尽管单井产量时有变化，这口井产量下去了，那口井产量又上来了，但总产量是不变的。

紧锣密鼓的实践中，王启民依据他倾尽10年之功，创立了油田中含水时期六分四清、分层开采、接替稳产的科学开采理论。"年产五千万，稳产再十年"的前五年，有了可靠的理论基础和实践依据。第二把开启地官大门的金钥匙终于问世！

大庆油田开发初期，开采对象是主力油层。相邻的薄油层和低渗透油层均被置于冷宫，没有发挥作用，存在巨大的潜力。而王启民在搞中区西部开发试验时，就发现了油田地下薄油层和低渗透油层十分发育，储量可观。石油地质工作者的崇高责任感，促使他对这部分尚未出力的油层下了一番功夫。

王启民在分层综合治理上采取措施。主要做法是：在开采过程中利用地下油水运动规律和分布特点，不断细化分层或分段，采取注水、堵水、压裂、补孔、提液相结合的措施，最大限

度地解放了薄差油层,在中含水期利用原有基础井网,连续保持 2% 的采油速度不降、单井产量不减,含水上升率由 5%～7% 下降到 2% 以下,保持自喷生产的旺盛能力,既敢于注水,又能控制含水上升,不断扩大注水波及体积,提高水驱采收率。

在生产管理上全面按照"六分四清"的目标制订措施。经过多次科学试验,以中区 4 排 7 井为代表的试验井,获得好效果,日产油量从 30 吨上升到 50 吨,含水从 80% 下降到 20%。为大庆油田 5000 万吨前五年稳产提供了全面的典型经验。

为了做好分层调整,王启民带领科研团队坚持做好三件事:一是对地质对象不断深化认识。二是逐步搞清主要油砂体的油水分布状况及演变。三是以区块稳产为目标,搞好分层调整。主要应用"六分四清"分层开采的调整控制方法和技术,逐年进行分层注水、分层堵水、分层压裂、分层补孔等措施,有序地进行分层调整,使大庆油田的自喷开采达到国际领先水平。

这就是人们常说的,上天容易,入地更难!而王启民他们做到了两个长期坚持:长期坚持和反复取好第一手资料,长期坚持认真分析和研究资料,从中得出规律和结论。他们利用现场试验,脚踏实地,十年磨一剑,一步步砥砺前行,开创了一条分层开采调整稳产的新路子!

1977 年 6 月 23 日,王启民团队在中区西部试验区选择了 5 口油井,专门开采 0.2～0.5 米的薄差油层。这一双管配产试验,就是在纵向的不同油层将一根油管插在主力油层,专门采集已高含水的厚油层,另一根油管插在没有动用或动用很差的低渗透层和差油层,专门采集薄差油层。采用双管生产,各采

一　科技兴油保稳产

各的层段，避免了层间干扰。结果，低渗透层和薄差油层的采油中，平均日产油量达10吨以上。双管分采试验，是一个独特的试验，虽然作业施工难度很大，但别具特色，针对性很强，试验后，人们恍然大悟，原来低渗透层和薄差油层的生产能力不挖不知道，一挖吓一跳。

对此，王启民极为乐观，他对大家说："石油宝藏就在地下，但宝库的大门是关着的。只要我们坚持下去，一扇门一扇门地去敲，这些门终究都会被我们敲开！"当时，有一口含水高达95%的油井，王启民经过仔细分析研究，终于找到了没被水淹的层段。经过他的新方案施工，当作业工人们第12次起下油管，打开阀门，此前油井里呼呼涌出的水，竟变成了黑黝黝的原油！经过测试含水量一下子就降到2%，而日产油量竟攀升到108吨。采油队的工人们激动地跳跃着，交口称颂王启民简直是神！而王启民的脸上却只浮现出淡淡的辛劳。

油田要高产，需要解决的就是一个水与油的关系。这关系又依地层的复杂而显示它的独特性，正是因为王启民他们对这些"复杂"搞得烂熟，他才具备了比常人更大的勇气和胆略，也正是这些勇气和胆略，使王启民这个"小人物"干出了令历史也为之惊叹的大事情！

由于分层动态情况清、分层调整方法对、分层措施效果好，实现了产量平面上转移，纵向上层间接替，控制了区块含水过快上升，试验区连续高产稳产了10年！这一成果获得了1978年全国科学大会奖。

王启民并没有亲自参加这次大会，可他所收获的，却不仅

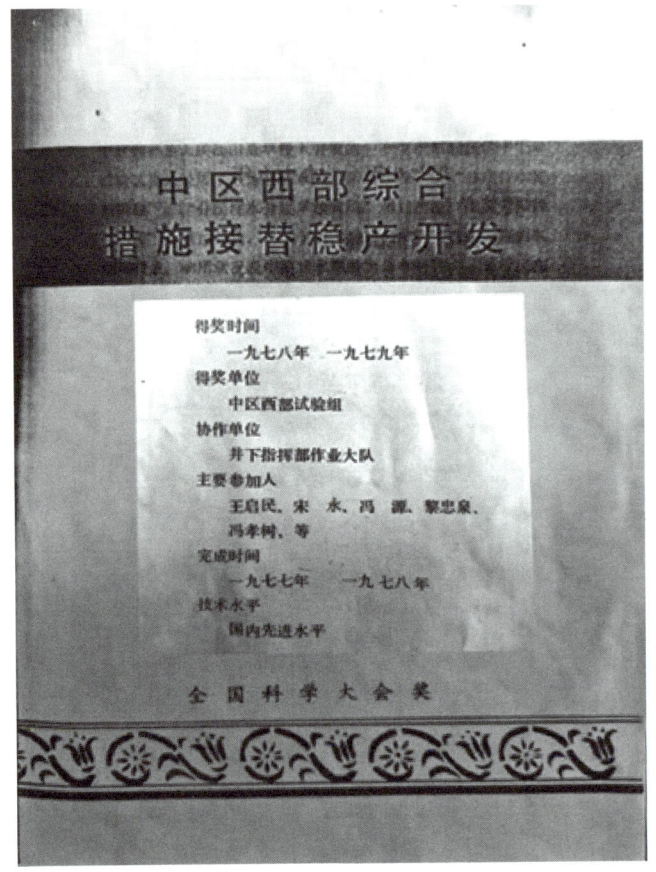

▲ 1978年,"中区西部综合措施接替稳产开发"项目,获全国科学大会奖

仅是一个科学成果的问题,而是政治生命重新启动的大问题!随后,王启民便带着他沉甸甸的科学成果,加入了中国共产党。再随后,参加了1978年3月间在北京召开的第五届全国人民代表大会,他被推选为第五届人大代表!

一 科技兴油保稳产

敢想敢试

> 敢想敢试，突破创新。王启民突破低渗透层"低产能"的认识。

20世纪70年代末，有领导问王启民，油田要实现较长时间的高产稳产，还有什么办法？王启民超前思考，他想若能将那些差油层逐步开发动用起来，就可以实现油田长时间的接替稳产。这套方法概括起来，先是主力油层、再是中低油层、后是薄差油层、最后是表外储层！

面对主管领导的提问王启民铿锵作答："先肥、后瘦、再啃骨头，最后敲骨吸髓！由于储层非均质严重，纵向上看，层数很多，渗透率很低，级差很大，但储量还很丰厚。只要敢想敢试，把这些差油层逐步开发动用起来，就可以实现油田较长时间的接替稳产！"

王启民是实干家，为

先锋的话

开动思考的闸门

超前思考才是最实际的成功法则，很多大发明家都是源于伟大的思考。因此，如果你想做成一件事情，一定要先动脑筋，先思考才有可能实现你的期望。

了证实他的理论,做了两个先导试验。一个是双管分采,双管分采是很有说服力的试验,虽然作业施工难度很大,但别具特色,针对性很强。难就难在,要在5.5英寸的套管内下两根2.5英寸的油管,还要下封隔器,把高含水的主力油层和不见水的非主力油层分别开采。因为施工难度太大,开始也有很多人反对,认为这是不切合实际的痴人梦想,并预言,将来油田也不可能这么搞!无奈,王启民只好给相关人员做思想工作,率先动员技术人员仔细设计,又去劝说施工作业队精心施工。他选了8口井,顺利完成了施工作业。试验证明,与主力油层分开后,各自独立开采,低渗透油层排除了高含水层的干扰,每口井都有较高的日产油量,平均单井增幅达15吨,证明这些井都有独立开采的价值。一试大家就醒悟了,原来他们对低渗透薄差层生产能力的认识是有片面性的。

先锋的话

敢想敢做

要想成功,首先要有丰富的想象力、要能想人所不能想之事,要能做人所不敢做之事。敢想是希望的孕育,敢做才能成功。

另一个先导试验,是对有效厚度0.5米以下的薄差油层进行试验,萨中北一区断西高Ⅲ组油层,油层很多、很薄、很差,王启民设计了150米×150米的反九点法井网,共部署油井15口,注水井11口,形成独立的注采系统和井网。油层经过压裂改造后转为抽油开采,结果是单井日产油量都

一 科技兴油保稳产

在 10 吨以上，有的还达到了 20 吨以上。从此，大家对低渗透油层的生产能力有了认识上的飞跃！

1980 年，大庆油田第一个稳产 10 年刚刚走完一半的路程。此时，油田主力油层已日趋衰老，全面进入高含水开采阶段，产量开始下降，稳产形势变得十分严峻。甚至有的人悲观地认为，大庆继续稳产的路，已经走到了尽头！

当时油田主管领导十分着急，几次找到王启民，向他征求"稳产大计"。王启民根据他在中区西部开发低渗透层和薄差层的试验成果指出，大庆油田地下丰富的低渗透层和薄差层是补充主力油层产量递减、实现接替稳产的资源基础。采用先进的科学技术，这些被认为无法采出的原油完全可以变为巨大的可采资源。并据此提出"分阶段多次布井，开发调整、接替稳产"的开发理论。王启民满怀信心地说："大庆油田稳产的前景十分光明！关键是差油层目前还没有复算储量，差油层遍及油田，无处不有。通过细分层系，打加密调整井，将其中的原油开采出来，就可以弥补主力油层的自然递减。"

王启民的想法和建议得到了油田决策层的赞同。确定了后五年的开发思路，以中低渗透层接替主力油层稳产为主，五年中再采出 10% 的地质储量，累计采出地质储量达 30% 左右。

王启民设计的一次加密井网方案开始实施，共钻 11000 多口加密调整井，从北到南依次分布在各个采油区，使大庆油田从此有资格昂首超越第一个稳产 10 年的目标线。

此前的双管采油，怎么变成加密井了呢？一天，王启民正

同作业队工人们起下双油管,一根又一根,天又下起了大雨,雨水合着油污,使得王启民他们真正成了"油猴子"。这时,油田采油工程专家、油田总地质师王德民来到现场,看到他们干得十分辛苦,便向王启民建议:"你的实践已证明差油层潜力很大,既然这些差油层也能为油田创出很大效益,不妨就大做文章,你就不要再用双管采油了,打加密井来解决这个问题会更好。"就是这个建议,令王启民茅塞顿开,不久,一场轰轰烈烈的油井加密于百里油田摆开了战场。

要想使油田长期保持青春活力,只有一个妙方,那就是增加后备储量。但那时,外围勘探还没有大的突破,面对严峻的形势,1980 年,大庆油田开始了大庆油田高含水开采技术研究,这是一项综合性的研究课题,共包括 67 个单项配套技术,主要有地质开发方面的细分沉积相、地质储量复算、细分层系调整等专题研究和现场试验。这个项目,1983 年被列入国家重点攻关项目。

王启民重任在肩,他带领团队全力以赴投入薄差油层的研究。

所谓薄差油层,就是渗透率参差不齐,厚度在 0.5 米以下的油层。他认真研究油水在油层中运动的特点,把研究层间矛盾、层内矛盾、平面矛盾这类油层动态结合起来,把条件相近的低渗透层放到一个层系中去,并针对不同特点采取不同开采方法。为了提供有力证据,他先请动态组的同志协助,从典型区块出发,首先用动态法对全油田地质储量进行测算,又请开发二室储量组的同事,用静态方法来计算储量。其结果比较接近,此次复算的地质储量要比原来计算的储量增加 16 亿多吨,其中差油层储量就增加了 9 亿多吨。这项成果实施后,使过去未算储量的 0.5 米以下的薄油层,得到了充分的利用,接替了高含水主力油层的产量下降,打破了国外一直沿用的单层 0.5 米以上才计算储量的传统做法。这套技术的推广应用,终于使油田持续高产稳产有了保障。这个项目后来经国家鉴定,认为这套技术为石油工业原油生产任务的完成、高含水期开采技术的发展做出了特殊的贡献。年产 5000 万吨原油的稳产期完全可以延长到 1990 年以后。全面应用后,将取得非常显著的经济效益。

为给 5000 万吨高产稳产打基础,油田组织科技人员采取一系列措施。

在 67 个单项配套技术攻关中,第一个项目是进行储层细分沉积相研究。大庆油田开发初期,认为长垣属于湖相沉积,随着开发的不断深入,暴露出水线推进不均匀的矛盾。通过细分沉积相研究,从成因上解释了油层平面和纵向上的非均质特征,建立了河流相对比方法,从而对大庆油田油藏形成条件的认识,取得了质的飞跃,为油田一次加密调整提供了地质基础依据。

第二个项目是地质储量复算。地质储量复算是随着开采技术的进步,在 1978 年储量计算的基础上,对喇、萨、杏油田地质储量再次复算。复算结果,地质储量比原来增加了 16 亿多吨。

薄差层为高产稳产增加了有效的可采储量,可这类油层开采有一定难度。与之相匹配,油田必须转变开采方式以提高采油能力,将自喷井转为抽油机井,用人工举升的方法放大生产

压差。转抽后，必须形成与机械采油配套的工艺技术，同时要自主研制电动潜油离心泵系列、选井选泵等配套工艺技术，全面提升机械采油技术，更好地适应开采方式转变的需要。

抽油机井采用双管掺水热洗清蜡集油流程，将自喷井机械清蜡转为抽油井热洗清蜡。方案确定后，自喷井转抽规模逐步扩大。

1981年，开展转抽试验。1984年，开始区块成片转抽。到1985年，机械采油井达到4269口。转抽后效果明显变好，1985年增产原油605万吨。由自喷井转为抽机井，每口油井日增产原油10吨，转为电泵井，每口油井日增产原油30吨。

第三个项目是细分层系调整。

开展一次加密调整，以实现层间接替。一次加密井主要调整对象是萨、葡油层中的中低渗透层，通过缩小井距、强化注

一　科技兴油保稳产

采系统，达到改善中低渗透层开发效果的目的。

分层压裂工艺于1972年开始工业化应用，创年增原油201万吨的规模后连续运用，成为一项重要的改造油层的挖潜措施。

大庆油田自1976年登上年产原油5000万吨高峰以后，一直持续稳产，为整个国民经济的发展做出了巨大贡献。然而，油田自身的储采失衡矛盾却在加剧，油气资源接替不足，持续稳产、高产的难度越来越大。

由于油田富集储量的主力油层、储量动用程度

▲ 王启民在现场工作

很高，剩下的储量大都比较分散，油层差、薄，特别是低渗透层和差油层，开采难度很大。

王启民要寻找的第三把钥匙，就是破除低渗透油层"低产能"不能被全面开发利用的认识，从而解放这些油层的生产能力。这一观点使大家认识到，不是低渗透层的本质产能太低，而是注采井网对开采层系不合适，再加上高含水主力油层干扰，

合力造成的。高含水主力油层在生产时的流动压力，已经超过了低渗透层的地层压力，形不成生产压差，当然就采不出油。通过试验，大家对低渗透、薄差油层的生产能力和资源储量有了深刻的认识！

为了保持稳产、高产，就必须找到新的可采储量，向更加复杂的油藏进军。经过20多年的开采，油田含水率不断升高，到了20世纪80年代，油田已进入高含水期，更有特高含水区，产液量很大。这就加大了油气集输、污水处理、供电等地面系统工程建设的工作量，同时也增加了生产难度。由于油田作业难度加大，设备维修量也随之加大，增加了挖潜改造和增产措施的工作量，致使原油生产成本上升，经济效益自然递减幅度较大。一个接一个的难题，以多米诺效应呈现在王启民面前，大庆领导也将王启民推到了最前沿，1984年任油田开发研究院副总地质师。

作为中国最大的油田，大庆占据了中国石油工业的半壁江山，大庆保持原油稳产，对于国家经济建设具有重要意义。为了做好原油高产稳产这篇大文章，大庆人意识到必须科技领先。为寻求一条既能保持稳产，又经济可行的油田开发新路子，王启民在科研领导岗位上又一次搏命！幸运的是，这一次他的病情并没进一步恶化。根据王启民的说法，他有了抗拒疾病的经验，他会规避风险，不会再像以前那样蛮干、傻干，抗病也有了一套科学方法。另外，医疗条件也大为好转，各种抗病良药不断上市，各种锻炼方式花样翻新，王启民的病情便在他的强力意志下有所好转，他的腰竟然渐渐地直了起来，一切都进

一 科技兴油保稳产

入了良性轨道。渐趋康复的王启民又抖擞起一百分的精神上阵了！他同广大科技人员一起，系统总结了以往的经验，认真研究了国内外先进科技资料，提出了一整套高含水期开发结构调整新概念、新方法和新技术。而每一项新方法、新技术的出台，都是王启民的超前思考，甚至是提前几年就在试验，敢想、敢试一向是王启民成功的法宝。他以敢想、敢试为引领，破除了低渗透油层低产能不能全面开发利用的认识，解放了低渗透油层10亿吨的生产能力！

至此，全油田通过加快对低渗透油层的全面研究，加上与之相关的钻井、测井、开采工艺等技术的逐年进步，使递减的产量如何弥补这个大难题，有了解决的办法。经过研究，油田共增加了低渗透层储量10亿吨，为实现年产5000万吨，持续稳产找到了挖潜的目标。这个"大庆油田长期高产稳产注水开发技术"项目获1985年国家科技进步特等奖。

第三把开启地宫大门的金钥匙，就这样灿烂定格！严酷而瑰丽的历史画卷，终于为王启民这样的有心人铺陈一路锦绣！

先锋的话

自信决断　抓住机遇

当面临一个新的机遇，犹豫会阻挠制胜决心，成功可能与你擦肩而过。你在关键时刻拥有决断的自信，会赢得他人的信任。如果等到事情有了确定结果再肯做的人，永远都不可能成就大事。

改革先锋 | 47

挑战极限

> 挑战极限,逆境创新。王启民在一片质疑声中,开始了开采表外储层之旅,他能正确对待质疑,终于打破表外储层"开采禁区"。

1984年,第一个10年稳产的捷报还没有报出,英雄的大庆石油人就开始规划5000万吨稳产再10年的鸿猷,王启民必须去寻找第四把开启地宫大门的钥匙!那就是,打破表外储层开采禁区,解放表外储层的生产能力,实现油田高含水后期的高效开发!

这一时段,改革开放各行各业都在迅猛发展,对石油的需求量与日俱增,大庆油田作为中国石油工业的半壁江山,一旦产量下降,国内其他任何一个油田,使尽全身解数也无法弥补,国民经济发展将会受到严重影响。于是,国家要求石油部门尽可能稳定石油产量、保证经济建设的速度不受影响。当大庆领导被上级问到,这一目标的实现是否有把握?回答极为断然:"问第二个稳产十年行不行,要问王启民!"

王启民责无旁贷地回答了这一重大历史问题,他响鼓重槌,第二个稳产十年,要向表外储层要效益!

第一个稳产十年之后,油田已进入高含水开采时期,老油田递减是必然规律。根据预测,"八五"期末,大庆主力油层的

一 科技兴油保稳产

产量将由 5550 万吨降到 5300 万吨，那么 250 万吨这么大数目的油怎么弥补？关键是能否增加油田的可采储量。王启民受命之后，想国家需要之所想，急油田稳产之所急，他开始日夜思索这个问题。为了能解决这一重大问题，他到岩心库取回两块具有代表性的岩心，放到办公室，翻来覆去地察看，还时不时拿起放大镜，一点一点地细细琢磨，然后就陷入冥思苦想之中。一时间，大家都感到莫名其妙，王启民既不是奇石收藏家，也不是石雕爱好者，竟苦心孤诣地拿着块普通岩石，观赏什么呢？殊不知他早将一颗探索的心，投向千米地下。他从那些岩石上看到的就是其中所包含的石油，只可惜太稀薄了些。他看出，这类岩层稀疏地分布着比小拇指还细的条状油迹，有的只带着星星点点的油斑。这类油层产状厚度只有 20~50 厘米厚，沉积情况也很复杂，有一些几厘米厚的含油砂岩与泥岩相

▲ 寻找油迹的"蛛丝马迹"

互交叠,状似斑马纹。有的又层次不清,呈现不分彼此的混沌状态。这类油层,国际上并不被认可。因而没被列入国家矿藏储量的报表之内,被称为表外储层。

但这类油层能不能开发,怎么开发,国内没有先例,国外同行又认为没有经济效益,从未开采过。怎样变废为宝呢?王启民苦苦思索,一如面对阿基米德琢磨王冠之谜。

经过一番深思熟虑,王启民决定从表外储层形成的产状入手,他发现这些砂岩体并非是互不关联的孤立个体,实质上是一个有千丝万缕联系的整体。表外储层与表内储层就像河流与小溪、树干与树枝,都是在空间上的延续,它们同属一个储油系统。

通过研究,王启民得出结论:既然自然界生成原油后,在运移聚集的过程中,能进入这些储层的孔隙,说明表外储层中的油,用水驱办法也应该能把它们采出来。通过缩小井距、油层压裂、强化水驱等一系列办法,就一定可以变废为宝,点石成金!

这些想法渐趋成熟,王启民毅然提出开发表外储层的设想。自然辩证法学会在大庆召开的一次大会上,他把这一命题全盘托出,发言的题目是《土变金,水变油》。王启民以自然辩证法为指导,从宇宙物质的生成到运移变化的辩证,从地球的结构到各种矿藏的形成,他精细阐释。

王启民讲到此,台下一片唏嘘,是惊奇?是感叹?还是怀疑?站在台上的王启民一时拿不准,那就不管它,接着往下讲！接下来，王启民便直切主题，开始讲他的"土变金，水变油"。只讲到半途，就听到下面一片哗然。王启民稳住阵脚，他接着说："我所谓的'土变金'指的是即将给油田源源不断增加产量的那个'表外储层'，所谓'表外储层'，指的是被西方摒弃了的油层，我们当然也是刚刚认识到，以前也被我们摒弃了。这些层位夹在含油层间，含油量很少，有的只有点点油花，又薄，看上去根本不可能有工业开采价值。所以，历来计算储量时都不予以考虑，在任何一张表上都没有它们的位置，所以大家习惯地叫它'表外'。严格地说，它们是一层土一层岩。若是把这些油拿出来那就是'土变金，水变油'！其实这是一种特殊的储量资源，如果将它开发利用起来，变废为宝，就有可能使油田'八五'期间，甚至以后持续高产稳产！"

当他走下台，才分辨出这汹涌的声浪是多么富有冲击。

"什么？土变金，水变油？这也太神了！"

"这简直是吹牛！外国那么先进，人家不是都放弃了吗？"

"咦？哈尔滨不就有个水变油的骗子吗？这不过是哈尔滨那个骗子的翻版罢了！这也太疯狂了，公开行骗！"

1984年12月，王启民在杏十一区选用了三口井开始试验。试验井打完射孔后，没有产量。只是在起出油管时，看到油管壁上沾了一点点油花。在场的技术人员看到这种情形，认为这样的油层根本就采不出油来。研究院的同志来看了情不自禁地直摇头。

就在上下一片摇头之际，王启民却没有摇头，因为他看到

了希望,既然油管壁上沾了油,就证明这些特低、特薄岩层中的油是运动的,是有生命的!只要找到相应的开发技术,油就会源源不断地流出来!

针对开采表外储层的可行性发生了激烈的争论,最终认定开采表外储层所需要的各项技术还不成熟,经济上的效益也难以保证,放弃开采是唯一的选择。

是吗?油田领导们开始举棋不定。怎么办?那就找上面给把关定向吧!恰好石油工业部领导也正想听大庆稳产再十年的规划方案,两厢意愿的促使,油田有关领导便带着王启民去了北京石油工业部。

在石油工业部,王启民极为谨慎地做了汇报。不过,他还是绕着弯地讲了他表外储层的"畅想",他讲了表外储层的"雄厚"、讲了表外储层与主力油层枝与干的关系、还讲了开采表外储层的可观远景……唯独没讲他的"头三脚",他深知这会影响领导们最后的决策。尽管他推心置腹,他还是没能打动领导层的决心,因为这问题实在是太重大了!不过,他近乎煽情的讲演还是打动了很多人。当时还有一个勘探汇报会,石油工业部总地质师阎敦实在这个会上介绍了王启民关于表外储层的学术观点,会上许多专家领导都想亲自听听。有人提议:"让王启民过来,听他讲讲。"

得知有领导、专家要听自己的汇报,王启民觉得时机已经来临,他必须抓住这一有利时机,将自己的开发方案全部讲给大家,以求得多方的支持。王启民打起十二分精神,在会上侃

一 科技兴油保稳产

侃而谈。以他"数据库""活字典"的绝对优势,将表外储层由里到外讲了个通透。从沉积相的成因到地层存在的现状,从纵横油藏的分布到油层内部的连通,从开采手段的预案到可行性的论证。他面面俱到,鞭辟入里,令在场的人无不感叹唏嘘!

然而,感叹归感叹,到了决策的时候,领导们仍然举棋不定,还是因为这决策太重大了!

王启民终于听到了不同声音,这声音来自阎敦实总地质师。会后他找到王启民,先是推心置腹地夸赞了王启民的敬业精神,接着便指出有领导支持的重要性,最后,为王启民指点迷津:"你这个年轻人实在是太难得了,可惜,你是势孤力单的,力量不够啊!若有人支持一下简直就是腾飞!这叫好风凭借力呀……"

"我当然想,可谁能支持我呢?阎总地质师您能帮我推荐吗?"王启民一脸的求救,大有借个梯子敢上天的勇气。

"你应该去见见余秋里、康世恩,能得到他们二老的支持就大不一样了!不管是决策性还是抗风险性都会大大加强,而你就是假舟楫者啊,懂吗?"阎总地质师画龙点睛,是否接受就看王启民的决心。

王启民急切切:"那怎么才能见到他们呢?"

"当然由我帮着联系啦!你等着,联系好了我会通知你。"阎总地质师一言九鼎,为王启民开通了扬帆的航线。

过了十天,电话便打过来。阎总地质师找了康世恩的秘书,秘书便跟康世恩汇报了情况,康世恩听后非常高兴,马上安排

王启民向余秋里、康世恩汇报表外储层储量

他讲了由于大庆油田沉积过程中的特殊性,造成地下油层多、层间变化大,致使表外储层十分发育。特别是油田南部,这些层井井都有。这类油层不仅薄而且胶结比较致密,渗透性很差。有的细砂岩、泥岩,极像千层饼,层层叠叠,单独看这些层很"瘦",没什么开采价值,可加起来又很"肥",是很可观的后备储量,只要找到开采方法,将这部分油采出来,再稳产十年应该是没有问题。他还讲了油田由于沉积相的特殊,造成油层厚薄不均,因而所采取的开采政策是先"肥"后"瘦","肥"的已被采得差不多了,要想继续保持5000万吨10年不减,就必须向这些薄差油层要产量!他还阐释说,一些专家认为,表外储层是一种近似泥岩的废弃物,不能开发利用。可这是大庆陆相油田的一种特殊沉积现象,另外,表外储层含有丰富的储量,是开发的一种潜力。

接见。

当天下午,王启民便带着宋永、赵汉卿一行三人去了康世恩的宅邸。王启民按照勘探汇报会上讲演的内容和顺序娓娓道来。

两位老领导听后感之深深,连连叹曰:"了不起,了不起!"并赞叹王启民一向敢在别人没走过的路上攀登,"因势利导、逐步强化、转移接替""分层开采、接替稳产",这些开拓性的创举,无一不是最生动的注脚!两位领导心里基本认可。

最后余秋里说:"大干社会主义有理,大干社会主义有功!好啊!就由我们来抬轿子,让你们这些实干家轻松过河!"他用手指指康世恩:"我们都来帮一把,给你抬轿子!你回去先把试验搞起来,回头我去大庆,让你们王志武局长也去抬

这个轿子过河!"

一锤定音,王启民终于拿到了"尚方宝剑",他可以乘轿子过河!而抬轿子的竟然是率领石油大军甩掉落后帽子的老首长余秋里、康世恩!第四把金钥匙,有了打造成功的希望!

化繁为简

> 化繁为简，配套创新。王启民建立接替稳产开发新模式。

富有智慧的王启民将油田开采模式由复杂回归到简单。那就是，抓住本质，揭示规律，化繁为简，随机应变！

从1975年开始，王启民每五年就要总结一次，并按照系统工程的原理，把油田开发的阶段论、地质认识的深化论、工艺技术的进步论，三者结合起来，分析矛盾、利用矛盾、解决矛盾，划分好开发阶段，有序进行产量接替，形成了2、3、4接替稳产开发模式。这是实现油田较长时间高产稳产的重要指导思想和技术保障。

2、3、4接替稳产开发模式措施组合起来，一如数学中的排列组合，所有可能出现的情况无一漏网！

当时，余秋里、康世恩抬轿子的消息传到大庆，王志武局长亲自组织，并发出了动员令：全局要开展"攻三关、过三难、一推进、保稳产！"

王启民目标十分明确，确保油田稳产再十年，向表外储层要产量！他率先排兵布阵制订详细

> **2**
> 将极复杂的非均质储层，简化为高、中渗透主力油层和低渗透非主力油层，两类不同油层，区别对待。

科技兴油保稳产

规划，成立了三个科研组，一个去搞现场试验，另一个专搞沉积相研究，再一个去搞二次井网加密。试验小组由开发室宋永带队，在油田南部杏树岗杏五区开辟了一个小型试验区。根据岩心分析，结果令人振奋，这一地区每口井的表外储层都多达50多个。各个层加起来，每口井含油的砂岩产状厚度达30多米。压裂改造后，每口井日产原油6~8吨。

时隔一个月，余秋里专门到大庆看了一次岩心，看完后，他觉得表外储层状况确实太差。于是长吁短叹："唉！这可真够难为你们的……你们可怎么能把这样的油给拿出来呢？"

王启民信心百倍地将他的规划、措施仔仔细细对这位老部长讲了个透。又把他的三个科研组推荐到余秋里面前。大家都满怀信心，说一定会让老部长满意！

余秋里这才安心，对大庆油田和王启民大加赞扬："你们本

> 3
>
> 依据开发规律，进一步把两类油层各划分为三个阶段。
>
> 主力油层三个阶段：逐步强化注采系统的持续上产阶段；高含水后期的结构调整控水阶段；特高含水期聚合物驱提高采收率阶段。
>
> 非主力油层三个阶段：开发低渗透层的层系细分调整；挖掘表外储层为主的井网加密；针对薄差层剩余潜力的三次加密精细挖潜。
>
> 4
>
> 将两类油层的不同开发阶段有序配合，又组合为四个阶段，实现接替稳产。首先，主力油层上产，分层调整接替稳产阶段。其次，主力油层产量下降，一次加密井上产接替稳产阶段。再次，主力油层产量进一步下降，二次加密井上产接替稳产阶段。最后，薄差油层产量递减，特高含水主力油层上产接替稳产阶段。

> **三关三难**
>
> 攻三关：测井关、固井关、完井关。
>
> 过三难：上述三项科技攻关非常难，是世界级难题，外国人没有搞过，也不会去开发这样的储层。
>
> 一推进：指开发工作要搞好地质研究、储量复算、二次加密调整开发方法编制等。
>
> 保稳产：指"九五"后保持油田年产5000万吨以上持续稳产。

事大，开发水平高！把这种储量极差的油层都给挖掘出来，无形中可就提高了采收率呀！放开干吧，我支持你们！"有了余秋里的支持，科研组一派欢欣。

余秋里为留有余地又加了个注释："放开去干！开采这些储层可以不算储量，就算练兵，提高你们的开采本事嘛！"

有老领导的拍板，王启民他们放手干开了。

日后，有人问勘探司柴司长王启民他们开采的"表外"算不算储量？柴司长回答："算不算储量，问老爷子去！"言下之意，余秋里说话是算数的，说不算储量就不算，无形中减小了压力。

余秋里的支持，坚定了大庆油田开发表外储层的决心。1987年7月，试验区19口井全部投产。开始有7口井势头还不错，可没过多长时间，就有一半的井含水高达70%，各种议论蜂拥而至，王启民瞬间被置于质疑的汪洋。

"开始就说不行，你们非要闹天方夜谭，搞成现在这个样子，再搞下去，整个油田都要被赔进去！这不等于往地下扔钱吗？"

科技兴油保稳产

听到种种议论，王启民理性地认为，在学术问题上各自有不同的看法是正常的，要说服别人，最好的办法就是尽快拿出事实！现在就该是实施的时候了，还有什么可犹豫？如果将水淹问题解决了，那不还是一片欢呼吗？

王启民心里有数，他当然不会被试验区一时出现的高含水现象所迷惑，他找到负责人宋永，语重心长地说："对表外储层，不能因遇到挫折就下结论。哪一个科学试验不是经过千百次的失败，才获得了成功？要弄清到底是哪里出了问题，搞清了也就成功了！"

此后，整整两个月，他们埋头调查研究，终于找到了问题的症结，试验井高含水的出现是井点上表外储层与表内高含水主力层相连通，在开发钻井过程中固井质量不过关，造成主力油层的水通过裂缝与表外储层串通所致，与前一年试验的那三口井，犯了同样的毛病！

试验证明，表外储层大有潜力！

可是，又有了仁、智之争。一时间议论纷纷，各执一词。

"既然表外储层与表内储层有连通性，就证明表外储层是偷了表内储层的油，这不能说明表外储层的真正储量！"

"偷油可耻！这是沽名钓誉！"

占有了充分科学依据的王启

抚今追昔王启民感慨

世界上还没有一个大型油田，像大庆油田这样丰富多彩，千米地下的油层，层层叠叠，加起来竟有100多个！70年代他就决心，有朝一日他一定将这巨大的宝库打开，把这些宝藏开发出来，造福于人类。

民,私下里却暗自得意,偷油可耻?不!偷油有理!这一"偷"可是正中王启民的下怀!在实践中,王启民发现,由于表外储层与表内储层的特殊连通关系,开发表外储层,正好把表内储层一些死角里的油挤出来,这对某一个储油区正起到了"活血化瘀"的作用。有了这一理论依据,接着,王启民又在油田北部地区做起了文章,这一地区厚油层十分发育,薄层很少,在别人看来已无潜力可挖,更没油水可捞。然而,王启民在研究中却发现,由于古河道的不断泛滥,在北部厚油层之间形成了许多面积很小、又薄又差的小层,这些小层比高含水的主力油层更有潜力。

在油田北部地区,表外储层出现了新的状态,这些油层大多数是与高含水的厚油层顶部相连接。王启民认为,开发表外储层不要孤立片面地看,要从油田整体开发效果上看,把表外储层与表内储层作为一个整体去考虑。这就不仅扩大了油田开发的领域,还将涉及相邻的厚油层,使厚油层边缘的滞留部分活跃起来。

经过试验开采,这类小而差的油层开发起来效果也很好。它不仅能采出自身的储量,更重要的是,还能改善相邻的、高含水厚油层的水驱效果,提高厚油层的采收率。

按照油水运动从高渗透层到低渗透层的规律,厚油层中的水必然被挤到这些很薄很差的表外储层。这在王启民心里又衍生了"高注低采、厚注薄采"的理念。他坚信,表外储层的开发已是水到渠成。又经过多次验证,完全证实这一理论的正确。随后,"高注低采、厚注薄采"的理念被确认,用作油田开采高

一　科技兴油保稳产

含水时期的理论依据。这就是他第四把钥匙的功能之一。

当然，异议者有一点是对的，那就是这不能说明表外储层的真实储量。为了证实表外储层的真实储量，王启民又带领试验组，在完全是表外储层的杏树岗南部开展试验。结果，平均单井日产原油3吨，含水只有3%。根据王启民的试验结果，油田对表外储层的储量进行了仔细核算，结果可采储量增加7.4亿吨！相当于又找到了一个大油田！

一个世界油田开发的禁区，被中国人打破了！这一研究成果发展完善了河流三角洲相储层的沉积相理论；通过二次加密先导性试验研究，论证了进行二次加密调整做法，从而使以表外储层为主要开采对象的二次加密调整能在大庆油田推广实施。6年来（1991—1996年）共钻井8244口，累计产油1900万吨，增加可采储量1亿吨以上。"大庆油田表外储层工业开采评价研究"课题获中国石油天然气总公司科技进步一等奖。一整套油田开发的高新科技手段，被中国人创造问世！

为了进一步印证这一高科技手段的普遍意义，王启民又带领课题组选择了油田南部地下更薄更差的"毛毛层"进行试验。这是油田最差的油层，叫含钙表外储层。这种油层更薄、更致密、更坚硬，而且含油性极差。有人认为，这种油层是目前开采界限以下，禁区中的禁区，打井本身就是浪费。王启民同大家反复研究后，他决心再闯禁区，进行"敲骨吸髓"试验。

为了尽量减少浪费，他们选择了一种新的布井方法，就是借用已钻完的油田一次加密井3口，再打一口新井。这种"三借一打"的方法可保证即使新井不出油，其他井还可以正常生

产。当时,新井打完射孔投产后根本没有油!

王启民去找了油田搞工艺的王德民院士,同他一起研讨并请他设计一套强化改造油层的方案,就是随后的限流法压裂,对油层进行强化压裂改造,并配合以高压注水来开采。这套方案果然见效,油井初期日产原油5吨以上,虽然下降很快,但注水后可以受效,日产原油量稳定在2吨左右。这一禁区的突破,使人们对开发表外储层的认识有了根本的转变。接下来,又经过在油田北部、中部多次进行开发试验,均取得圆满成功。

带着这一试验成果,王启民到北京汇报。总公司的领导说,要把这个好消息告诉给余秋里和康世恩两位老领导,当初,正是这两位老领导给了王启民巨大的支持,才有了今天的成功!

当余秋里和康世恩两位领导听到成功的消息,高兴得连声说,"好,好!"

康世恩激动异常:"什么是社会主义?像大庆这样搞工作就是社会主义!你们能把这样的潜力挖出来,这就是社会主义!这一成功可是不容易,耗去了你们多少心血!真是不得了!"

▶ 20世纪80年代压裂现场

一 科技兴油保稳产

是啊,王启民带领课题组为此整整奋斗了7年,在7年的时间里,课题组的同志们通过对1500多口井的地质解剖、分析、探讨,对4个试验区36口井的试油、试采和注水开发,对10口取心井的岩心观察、拍照、取样测定、剖析研究,就这样,理论研究结合反复实践,才取得了对表外储层的地质特征、潜力分布、开采条件、产能特点、挖潜效果以及开发经济效益等方面的全景式认识。正是这第四把金钥匙,为开发表外储层提供了理论和实践的依据。

表外储层的成功开采,大大解放了人们的思想,扩大了油田开发的领域。而且表外储层开采后,不仅可以采出自身所控

制的部分储量,而且还可以利用与主力油层的连通,将表内储层的滞留油采出来。

此外,由于表外储层与表内储层作为一个整体考虑后,二者相互结合,可以实现"高注低采、厚注薄采",使表内储层原有的注采关系得到完善,表内储层也为表外储层的潜力发挥提供了有力的物质和能量补充。同时,通过开发试验和技术攻关,还促进了石油地质研究以及钻井、测井、采油工艺等多方面的技术提升。这令外国专家也为之惊讶,他们

竖起大拇指称赞道:"表外储层你们能开采,我们办不到!"一些到大庆参观的外国专家,看见表外储层在产油,竟瞪大了眼睛表示难以置信:"这样的储层,你们是怎么将油采出来的?"

这当然是秘密,秘密就藏在王启民的脑海里。王启民攻克了一系列的技术难关,为大庆油田增加了 7.4 亿吨的地质储量,形成了油田开发表外储层为主的第二次井网加密开发调整技术。大庆油田的开采经历了几个不同的阶段,从此保证了 5000 万吨稳产的后劲!首先,主力油层上产,分层调整接替稳产。其次,主力油层产量下降,一次加密井上产接替稳产。再次,主力油层产量进一步下降,二次加密井上产接替稳产。最后,薄差油层产量递减,特高含水主力油层上产接替稳产。这样的组合,使大庆油田的 5000 万吨稳产再十年的目标得以实现。

每一个阶段又不是截然分开,而是交替衔接,每一个阶段都建立在上一个阶段的基础之上,还要为下一个阶段做好铺垫,有序接替、持续推进,使油田保持了 27 年 5000 万吨以上高产稳产的高效开发,创造了世界同类油田开发史上的奇迹!这一奇迹,王启民是制订开发方案的主角,他的探索打开了禁锢的地宫之门,为中国油田开发跻身世界前列赢得了荣誉。

一 科技兴油保稳产

厚积薄发

> 厚积薄发，积累创新。王启民提出"三分一优""稳油控水"的开发方针。

王启民还有一个成功的法宝，那就是厚积薄发。1990年，王启民在油田工作已是整整30年，他用智慧和汗水打造了四把开启地宫大门的金钥匙，千米地下已被他归整得化繁就简，地下油水服从调遣。

不过有时也有不听话的"刺头"，这样的时候，就得王启民亲自去修理！这一年，连续15年保持年产原油5000万吨以上的大庆油田，综合含水率高达78.96%，油田又一次被置于水荒的阴影。

"八五"期间，大庆油田要继续保持年产原油5500万吨，如果沿用世界上采用的"提液稳油"，年产液量将由2.61亿吨猛增到4.23亿吨。如何处理这些液体呢？这不是得大幅度增加工程量和投资额吗？开发效益就得明显降低呀！再者，要控制产液量的剧增，原油产量就得大幅度下降，这是个进退维谷的难题。大庆能不能继续稳产，这不仅是一个企业兴衰的问题，而且是直接关系到全国石油工业和我国国民经济发展大局的问题。

当时，我国东部绝大多数油田都已处于"三高"开发阶段，

西部尚在勘探，东部油田稳不住，全国石油产量就要出现大的波动。

另一方面，随着我国经济建设的迅猛发展，国家对石油的需求日益增加。党中央、国务院对制约国民经济发展的石油工业十分关注，下达了"东部要硬稳定"的指令。所以，中国石油天然气总公司的领导就犯了难，逢会就说："我们参加中央和国务院一些会议，一坐到那里压力就很大。石油工业远远满足不了国家对原油的需求，而且也落后于其他行业的发展速度。所以我们不能允许在'三高'情况下把产量掉下来，要坚持稳住，一部分油田不仅要稳住，而且还要搞上去！"

在这种形势下，大庆原本规划"八五"末期，原油产量要降到 5300 万吨，这显然不适应全国石油生产和经济发展的大局。

> **三个长期坚持**
>
> 1. 长期坚持取好第一手资料，做到十年如一日，能长期坚持平凡工作，就是不平凡。
> 2. 能长期坚持认真分析和研究资料，做到十年如一日，使认识能符合油田客观实际，就是不简单。
> 3. 能长期坚持耐心地整理和研究资料，从中得到规律和结论，就是坚持科学精神。

稳定东部，作为全国最大的油田，大庆必须首先稳住。大庆的稳产，攸关改革开放和国民经济发展的大局！

1991 年 1 月 8—19 日，大庆石油管理局技术座谈会专题讨论建立稳油控水示范区。时任局长王志武对稳油控水，心中还没有准谱，忧心忡忡。为解去心头之忧，4 月间，他将王启民等七八个技术骨干聚集到大庆勘探开发

科技兴油保稳产

研究院地球物理所小会议室，开始给四梁八柱施加压力。他说："运用现在的油田开发手段，能不能既保持油田稳产，又能把含水高峰向后推迟五年？若放任这么高的含水，地面工程改造不过来，经济效益就要大大下滑，怎么也不能让这里注水井白做功，那里抽油机白磕头！"大家将期待的目光投向王启民。

王启民对地下情况了如指掌，他稳稳地讲出了一整套调整挖潜的开发方案。王启民说："油田开发到现在，应该有这样三点认识：一是有大量特高含水井和特高含水层的出现；二是有大量中低含水层和未见水层的存在；三是还有一批二次加密井可打，能够补产。但是，油层的这种水淹状况十分复杂。这个阶段，我们首先要发动广大职工，精细地把油水分布情况搞清楚，针对这种含水差异，去采取综合措施进行注水和采液结构调整，稳住原油的产量，控制住含水上升就没问题了。"

"指标怎么提好？"局长听完王启民的"隆中对"，极为兴奋。

王启民胸有成竹地答："根据我们已经掌握的资料，老井'三换'提液，'八五'期间还可以保持增油6吨，老井压裂能增油9吨，新井投产能增油10吨左右。通过分层堵水，可以控制油井大量出水，对周围油井还能增加驱油效果，起到增产作用。"

局长听后兴奋地说："堵水争取增油达到3吨，这就是一个'3、6、9、10工程'！凭王启民

老井"三换"

潜油泵

螺杆泵

小泵换大泵

的预测,我看有希望!你们就先去把这个工程搞起来,回头我们再细细规划。"

王启民在大功率重压的推动下,又一次动用他的法宝,那就是开展现场调查,他和研究院的任玉林总工程师找到规划室的同事们,一起讨论研究,终于绘制了一张油田高含水后移五年的图表。

带着这张图表,王启民去见了王志武局长,他对王局长说:"主力油层经过逐年提高注采强度,甚至动用大排量电动潜油泵强化开采,为油田持续上产和高产稳产做出了重大贡献。现在我们把油田产量高峰后移五年,削减产液量高峰,主要是利用了高渗透主力油层中的特高含水层大量控水,为油田作'控水贡献',这应该是第二次贡献。这样,不仅'八五'期间油田可以取得很大的开发经济效益,更为重要的是,为'九五'期间高渗透主力油层聚合物驱油大幅度提高采收率,实现油田产量接替,还为第三次贡献创造了有利条件。此一举,我们就有三大贡献:初期上产贡献,现在控水贡献,以后提高采收率贡献。这种做法,不仅可以使油田少产大量的水,而且避免了大量厚油层内特强水洗段的过早出现,因为这对聚合物驱油是很不利的。"

根据王启民的建议,局长集思广益果断决策:在全油田实施"稳油控水"战略,以保持大庆油田更长时间稳产和取得更好的

聚合物驱油技术

将一种化学助剂聚丙烯酰胺加入水中,以提高注入水的黏度,从而改善油水流度比,避免油层水驱时出现指进现象,扩大注入液在油层中的波及体积,提高原油采收率。

一 科技兴油保稳产

经济效益。

　　这是一项巨大的系统工程，涉及以沉积相为重点的精细地质描述，以可采储量预测为重点的"稳油控水"指标预测及规划优化，以注采结构调整为重点的高含水期综合调整，以提高薄油层固井质量为重点的水淹层测井以及找水、堵水、差油层压裂改造等大量攻关课题和地质工程工作。因而"稳油控水"战略调动起了全油田几万名科技人员和广大职工的积极性，为这一伟大目标共同奋斗！

　　此时的王启民，又将全部精力投向了油田稳油控水规划和结构调整技术的实施，组织研究院各科室成员全力进行逐项预案。而他本人又调动起全部精气神，一会儿迈开双脚下基层了解情况，一会儿又俯首各种图表以寻找通幽的曲径。

▶ 王启民一心一意扑在工作上

经过群策群力,王启民提出了根据油田井多以及各类井开采不平衡的特点,进行分类井结构调整,分析和测算稳油控水指标。并把油田上的四万多口井分成四种类型:一是1980年以前投产的井,二是"六五"期间投产的井,三是"七五"期间投产的井,四是"八五"期间投产的井。经过这样一分类,再仔细分析,王启民发现,产水量主要来自1980年以前投产的基础井网。这些高渗透层,过去先注水,先见效,先高产,自然就先被水淹。它们在过去的高产稳产中,已较好地发挥了水驱油作用。如果再继续开采下去,就将出现大量出水、少量出油、形成注水驱油的低效或无效循环,而且还将干扰低渗透层出油。那么,油田在高含水后期,针对特高含水层适时进行找水、堵水,不仅会控制产水量增长,而且通过大量控水、堵水,还会促使早期投产的油井产液量下降,同时提高"六五"以后投产的、含水相对低的那些井的产液量,通过结构调整,实现稳油控水。

经过严格论证,王启民提出了"三分一优"的调整原则。

这套方案,突破了油田高含水后期要实现稳产就必须大幅度提液的传统观念,创立了"稳油控水"新模式。此后,"稳油控水"新模式迅速在全油田推开,使油田稳产有了可靠的科学

> **"三分一优"**
>
> "三分":一是全油田进行分地区结构调整;二是在各地区进行分层系结构调整;三是在各类井中进行高低含水层分级结构调整。
>
> "一优":全方位优化综合调整措施,这一调整措施是,高含水地区,生产井以控水为主;低含水地区生产井以提液增油为主。

一 科技兴油保稳产

依据。

1991年，大庆油田将稳油控水列为重大科研课题，目标是在保证年产5500万吨以上的前提下，全油田含水率每年增长不超过0.3%。

"稳油控水"一经提出，王启民便立即投入实施方案的制订，细化了"三分一优"的"稳油控水"具体措施。

为了取得更好的效果，王启民又组织研究院有关人员开展了五项专题研究，即：油田产液结构调整；合理的注采比界限；可采储量测算方法；分层压裂隔层厚度及标准；示范区油井措施达到"3、6、9"指标的条件分析。并对油田11个稳油控水示范区逐一检查指导。

大庆实施的这一"稳油控水"工程，很快见到显著成效，总公司领导十分重视，要亲自到大庆看一看，听取汇报。

大庆主要领导接到这个通知

"稳油控水"

"稳油控水"："稳油"是目标，"控水"是手段。"稳油"，就是要稳住油田总产量。"控水"，主要是控制油田总产液量。

可油田不是铁板一块，从油田各个油区的含水趋势来看，有高有低，这就需要对不同油区采取不同手段，低含水油区多产液，高含水油区控制产液，实行产控结合。各油区不同油井由于井龄有长有短，含水量也不同。含水低的应该加强注水，将小泵改为大泵。高含水的要采取有效的堵水措施，对高渗透水层进行封堵。各油井内不同油层由于渗透性等因素，含水量都有差异。各层的不同部位含水情况也有区别，应该对不同油层实行分层注水，对同一油层实行细分注水，实施治理与挖潜相结合。通过已有的高新技术手段，使这种分区域、分油井、分油层的全新生产结构，得以全面优化调整，"稳油控水"成为可能。

后，又找到搞开发的科技人员讨论，局长说："总公司的领导要来检查工作，主要是谈'稳油控水'，我们现在已见到了很大的成效，但对每年油田含水上升率最高限度能控制在一个什么水平？这得有个基本估算，向领导汇报的时候，必须得讲清楚。"

每到这种关键时刻，王启民便一跃成为定海神针，他随即拿出资料和图表给局长看，并提出建议："按我们的认识和实践，每年可控制在0.3%左右，但必须搞好精细注水、找水和堵水工作。"

"0.3%？能达到吗？"局长不敢确信，心想能有这样的好事？

"能！可以这么提！"王启民信心十足，给出定心丸。

局长兴奋地一拍桌子："好，我们来个'苦干三年不过一'！"局长又略加沉吟，"苦？不好，这不科学，怎么能让大家苦呢？应该是巧，对，就叫'巧干三年不过一'！"就是含水增长，三年不超过一个百分点，即所谓的"三年不过一"。

还没来得及上报，中国石油天然气总公司总经理王涛就来到了大庆。汇报会上，当总经理听到"巧干三年不过一"时，兴奋点立刻达到极致。他说："油田高含水后期，每年含水上升率控制在1%之内都不容易，你们提出0.3%，含水量上升三年不超过1个百分点，这可能吗？要是真能实现这个目标，我就给你们发一个磨盘大的奖章。"说着，总公司经理举起双手，在胸前夸张地比划了一个磨盘大的圆。话里话外透着怀疑，可急切的目光明显昭示着火辣辣的期盼！

大庆石油管理局局长王志武将期盼的目光从总经理那接下

来，又传送给王启民，王启民毫不含糊地点点头，将他的确认回转给两位领导。大庆石油管理局局长当场立下军令状："我们会把工作做细、做好，这是基础！可以实现！"

接下来，王启民便详细汇报了"稳油控水"的具体措施、可行性手段，还分别阐释了"三年含水不过一"的可能。

会后，他立即组织研究院规划室的有关人员编制了"三年含水不过一"的调整方案。稳油任务明确，控水目标清楚，一场"稳油控水"的大战役率先在大庆油田11个示范区，轰轰烈烈地摆开阵势。

为了实现含水"三年不过一"，确保第二个十年高产稳产，年过半百的王启民，又一次将全部精力投向油田的"稳油控水"和结构调整上，终日紧盯遏制含水上升的落实。这个工程最后被确定为"稳油控水"系统工程。这一系统工程的实施，令"八五"期间全油田增油610万吨，少产液2.5亿立方米，增收节支150亿元。含水上升速度得到了明显的控制，直到"九五"后三年，含水上升也未超过1%！

跨界探索

> 跨界探索，合作创新。跨学科三结合，油田高含水后期，王启民提出，研制一元化高分子聚合物，运用新型驱油剂驱油技术。

不同学科结合

年轻科研人员要具有涉足不同学科领域的勇气和能力，通过自由讨论，往往会给你带来前所未有的新东西。你的知识在新领域也能发挥重要作用。要懂得借用依靠他人的力量，才是人生舞台上的智者和强者。

1998年，作为全国500强大型工业企业，大庆油田排名第一！艰苦奋斗的第一次创业，满载着它的光辉业绩已经成为历史，大庆油田全方位进入第二次创业，一派旧貌换新颜的昂扬！

面对新的形式，王启民开始了他新一轮科技探索之旅。创新是科学研究的灵魂，创新需要科学冒险和执著探索的精神！这是根植于王启民骨子里的理念，刻骨铭心，坚如磐石！

1998年12月，王启民调离大庆油田勘探开发研究院，荣任大庆石油管理局局长助理、局副总地质师。从这一年开始，管理局为使局级领导负起更大的责任，不再单独设立总地质师，总地质师的任务由主管地质的副局长承担。

一 科技兴油保稳产

就是在这种大格局下,他又一次铿锵起步!

时代更新,二次创业,将全员推向信息化、高科技,王启民又开始新一轮拼搏。此时油田面临的最大问题依然是怎样"稳油控水",仍旧是如何确保高产稳产,王启民毅然挺进三次采油!

> **三次采油**
> 三次采油是指在注水开采之后,应用化学聚合物驱油的一种提高采收率的工艺。

大庆长垣是个特别大的注水开发区,水驱采收率为40%。至20世纪末,尚有60%剩余储量滞留在地下,油田面临全面高含水之际,聚合物驱油成为必需,当时已有三种聚合物驱油技术投入到现场应用试验。

▼聚合物注入泵

> **三种聚合物驱油技术**
>
> 一种是单体聚合物驱油技术,已走出实验室,达到工业化应用,实践证明可提高采收率10%。另一种为三元复合驱,即把聚合物、表面活性剂和碱,按比例调和,根据不同油层注入不同剂量,实验证明可提高采收率20%。第三种就是多元泡沫驱,即在三元复合驱之外加注天然气,使表面活性剂发泡,当时尚在试用,可望提高采收率30%。

当时,为保证聚合物驱油的总体效果,一直采用低矿化度清水配制聚合物溶液。随着聚合物驱的规模不断扩大,低矿化度清水用量大幅度增加,而采出的含油污水不能回注,不能配制聚合物,极大地浪费了水资源,对环境也构成极大威胁。

面对如此严重的局面,视油田为生命的王启民岂能袖手旁观!他感到,唯今最急迫的任务就是聚合物的改造。可怎么改造?由谁来改造?目的产品应该具备哪些新的优秀品质?这是一个前无古人的大事业,这又是一

▼ 1995年底,大庆油田聚合物驱技术工业化推广应用,图为聚合物溶液配制、注入系统

一 科技兴油保稳产

个颇具挑战的化学驱油剂创新研发!

在王启民那里,早已有了指路的人生导航——需要是最好的激励,兴趣是最好的老师!王启民怀着执着的探索精神,超前起步。

这个驱油的新型聚合物,既要解决污水配置问题,又要解决驱替中三大颇具挑战性的难题。

油田开发已进入特高含水期,值得注意的是,主力油层聚合物驱后,仍然还有大量原油没有采出来。可有些人认为,聚合物驱后就是油田开发的终结。若按照此观点,大庆油田很快就进入不可持续发展阶段。那可如何为以后的油田开发和可持续发展提供支持呢?王启民肩负着科技工作者的神圣使命,再次踏上科学探险之旅。

王启民是搞油藏工程的,对于化工专业他自谦为"门外汉"。不过那没关系,他可以"借脑",找个"门内汉",向他们提出要求,共同研制,岂不两全其美!于是他迈开双脚,走遍了油田的化工部门,拜访了油田上一些有名的"门内汉",可始终没有人能担此重任。

怎么办?总不能束手无策地干等!难道天下就没人能帮他?天下?对!何不到"天下"去找一找?于是决定到外面去找合作者,王启民

先锋的话

发现了问题,就等于发现了创新的目标,提出一个正确的问题,往往比解决一个问题更重要!

提出问题,由"天下能人"来解决问题。

王启民首先想到了首都北京。经过几年的不懈努力和千百次的试验,终于在 2001 年研制出成品,分子量可达 2500 万以上,具备一定的抗盐能力。同年五月,王启民在喇嘛甸油田亲自主持开展了污水配注,就是用污水配制超高分子抗盐聚合物来驱油的试验。试验表明,这种方法可以达到利用具有一定矿化度的污水来配制超高分子量聚合物的水平。

2003 年,这种超高分子抗盐聚合物在油田推广应用,节省低矿化度清水 2269 万吨,仅清水费用就节省 7941 万元。2003 年共需要聚合物 25110 吨,若用超高分子抗盐聚合物代替,可节省干粉 2511 吨,节约费用 3816 万元。由于抗盐聚合物的应

一 科技兴油保稳产

用,聚合物的浓度可以大幅度降低,并具有调、驱的双重作用,油田采出污水也可以充分利用。因此,可以使聚合物驱在进一步提高采收率的同时,较大幅度降低开采成本!

事后,王启民感慨颇深,光是方向对还不行,关键还要勇于实践。理论家实践不足,又受理论限制,自己将自己关进思想的囹圄,致使这样一个好"思路"竟然搁置了50年!而他的成功却是因为他的积极,更确切地说是他的急需,可以算作幸运,也可以算作"歪打正着"……因而,他愈加看重积极进取。

王启民更加坚信,既然要创新,就会遇到反对者的非议和嘲笑,这很正常,他就是背负着非议和质疑一路走过来的。关

▲ 王启民在会上作报告

键是要明确自己的目标，沉静下来超前思考，刻苦钻研，将全部精力凝聚在一点上，面壁十年图破壁！很多事情，刚看上去，就像一个难以打破的铁阵，可只要运用已有的资源，极限发掘潜藏的智慧，找准合适的角度，再取得相关智者的支援，就有可能找到破阵的切入点！

在这个大道理中，王启民最为独特的看法是，发现问题，就等于发现了目标，解决矛盾，就等于有了成功的钥匙。那些矛盾，不就是蹲在一旁等着送给你解决的办法吗？那些问题，不就是候在那里，等着告诉你要达到的目标吗？因此，矛盾和问题都是良师！

一 科技兴油保稳产

传承铁人

> 传承铁人，精神永驻。王启民践行创新三字经：铁、傻、智。

1996年8月27日，王启民就任大庆勘探开发研究院院长的第二天，大庆石油管理局党委正式做出《关于开展向"新时期铁人"王启民同志学习的决定》。

1996年7月，正值大庆人认真学习贯彻中央领导对大庆油田的一系列题词、批示和讲话精神，为实现"发扬大庆精神，搞好二次创业，实现三个目标，再创大庆辉煌"之时。中国石油天然气总公司领导深入油田检查工作，在听取大庆石油管理局领导回顾大庆油田36年所走过的光辉历程、展望油田未来二次创业的宏伟蓝图之后，总公司领导感慨地说："大庆油田一次创业，有以铁人王进喜为代表的'五面红旗'，那么，大庆油田二次创业，王启民同志就是'新时期铁人'！"

后来，在王启民先进事迹报告会上，总公司领导又给予了高度评价："王启民同志亲身经历了大庆会战，36年来，他是踏着铁人王进喜的足迹走过来的。他的成绩和贡献，与大庆连续27年的高产稳产紧紧地连在一起。他是陆上石油工业二次创业中英雄群体的杰出代表，是科技工作者的楷模，是坚持革命精神和科学态度高度统一的典范。他胸怀全局、为国分忧的

▶ 以王进喜为代表的"五面红旗"

爱国主义精神,艰苦奋斗、顽强拼搏的创业精神,锲而不舍、敢于攻关的求实精神,克己奉公、为人民服务的奉献精神,尊重群众、讲究民主的团结协作精神,是石油工业光荣传统和大庆精神、铁人精神在新形势下的具体体现。他那种'宁肯把心血熬干,也要让油田高产稳产'的革命豪情,与铁人王进喜那种'宁肯少活20年,拼命也要拿下大油田'的英雄气概,同样气壮山河!从王进喜到王启民,虽然历史条件发生了很大变化,创业环境也有许多不同,但他们闪烁出的可贵精神是一致的,这就是中央充分肯定的'爱国、创业、求实、奉献'的大庆精神。"

科技兴油保稳产

▲ 大庆油田掀起向"新时期铁人"王启民学习的热潮

1999年，作为新时期铁人，王启民先进事迹展览于4月18日在大庆石油科技博物馆开馆。11日由大庆石油管理局局长剪彩，党委书记致开馆词，现场火爆而激动人心。新老铁人一脉相承，一个精神领域的接力棒传给了王启民，他以全新的铁人风采一路领跑，充当二次创业的先锋！

1999年9月28日—10月2日，王启民作为全国劳模特约代表，进京参加中华全国总工会组织的国庆50周年庆典活动。

这一年，王启民仍然不停地忙碌，作为局长助理，责任更大了，为二次创业，为三次采油，为继续高产稳产而不停地东奔西走。

这一年，王启民已经62岁，同事们都已经纷纷退休，回家颐养天年去了。有的抱孙子，有的在外地购房，也有的写写

改革先锋

创新"三字经"

创新是我们民族进步的灵魂,是我们攀登科技高峰的必由之路。通过这么多年的科研攻关,我深深体会到,真正的创新要有"三字经"。

◆ 第一,"铁"。就是要有铁人精神。铁人说:"宁肯少活20年,拼命也要拿下大油田"。有了这种拼劲,很多事情都能做成。

◆ 第二,"傻"。就是要能无私奉献。搞创新,没有十年磨一剑的"傻"劲是不行的。只有甘于奉献,长期探索,厚积薄发,才能成功。

◆ 第三,"智"。就是要有智慧。智慧哪里来?要从"三个老师"中学习来。

传记、写写油田开发史或找个地方打打工……而王启民却比以前的担子更重了,他一直工作在油田科研生产第一线。

据统计,1996年大庆油田实现年财务总收入523.3亿元,累计向国家和地方财政上缴利税及各种款项1679.93亿元,不包括其间承担的原油差价2755.3亿元。固定资产净值266亿元。职工人数28.1万,连同家属近百万。长垣油田南北长138公里,东西宽73公里,含油面积5770平方公里。这就是一次创业给二次创业留下的全部"遗产"!这就是二次创业前的大庆!

至2002年,大庆油田实现了年产5000万吨、持续稳产27年,累计产油14.52亿吨,增加可采储量11.83亿吨,成为推动国民

一 科技兴油保稳产

经济高速发展的加油机,创造了世界同类型油田开发的奇迹!

然而,尽管大庆油田的科技工作者使尽全身解数,寻遍挖潜妙方,油田老化以不可阻挡的步伐向前推进。再坚持年产5000万吨,已力不从心,降产迫在眉睫!降多少?何时降?已成为大庆人面临的重大抉择!每一个为大庆付出过心血的人,都无不怀着深切的惋惜和痛心。尤其是大庆的决策者们,他们苦涩地思索,他们沉痛地等待。

2002年以后,油田已进入特高含水后期,老油田剩余储量开采难度越来越大,地下剩余油在平面上高度分散,纵向上交错分布,调整挖潜受成本制约。随着油田含水上升和补产能力的下降,产量递减加快,自然递减率由8%增加到13%。外围低渗透油田未动用

先锋的话

"三个老师"

◆ 第一个老师是"反对者"。由于破旧立新,真正的创新肯定要受到反对。反对者提出的质疑,正应是我们研究的课题。只有破除质疑,才能推陈出新。

◆ 第二个老师是"探索者"。创新不是计划出来的。许多成功者,包括诺贝尔奖获得者,都是在艰苦的探索中偶然发现灵感,然后改变思路最终找到答案的。

◆ 第三个老师是"失败者"。失败是成功之母,只有懂得如何失败,才能懂得如何成功。成功不是一蹴而就的,必须瞄准目标,保持定力,以钉钉子精神攻坚克难,即使失败九十九次,只要一次成功就是伟大。

集团公司对王启民予以充分肯定

把艰苦奋斗的革命精神与坚持科技进步和不断创新有机结合起来,才是"新时期铁人精神"的真正内涵。王启民正是凭着"恨不得钻到地下把油层搞清楚"的决心,立志"跨过洋人头,敢为天下先"的豪情与奋斗,才取得了如此辉煌的成就。王启民是科技界的楷模,他身上体现了"铁人"的顽强拼搏精神,体现了"科学技术是第一生产力"的科学思想,体现了我国新时期石油科技工作者的精神风貌。他那种敢为天下先、勇攀科学高峰的精神,是石油人的航标。王启民身上充分体现了中华民族和中国工人阶级的优秀品质,是对"爱国、创业、求实、奉献"为内容的,中国石油企业精神的最好诠释!

储量投入开发越来越难,油田开发的效益逐年下降。面对种种困难,油田决策者们觉得降产的时机已经到来。可这一决定如何提出、由谁来提出?经过一段研讨,得出一个很得体的结论,那就是解铃还须系铃人!

那谁是系铃人呢?如何一次次上产、如何调整挖潜,如何高产稳产,都是谁讲得最清楚?都是谁一直在出谋划策?那么这个人就是系铃人!石油人不会忘记油田上的"活字典""数据库",正是"活字典""数据库"一步步将油田产量一抬再抬,这个人就是王启民!

作为大庆油田的一路同行者,王启民见证了大庆油田的日趋辉煌,也经历着油田的不断老化!

早在1998年大洪水之际,原油产量就有些吃紧。洪水影响虽说是个导火索,可那时二次加密规模已经到位,外围开发幅度已经很小。于是,决策者就动了降

一 科技兴油保稳产

产的念头。

　　直到1999年才下决心向总公司汇报,当时的决策者们,带上"系铃人"王启民,准备向总公司汇报。总公司管生产的罗英俊等两人听取汇报。王启民第一次提出大庆降产的概念,其原因据实以告,没有隐藏实情,没有添枝加叶。一向科学严谨的王启民自然是一字千钧,罗英俊不能再等闲视之,即刻找出规划本,一本本地查,大庆高产5000万吨,已经坚持了20多年,总公司的总产量是由大庆撑着半壁天!大庆若是降产,这空缺可有谁来填补呢?

　　王启民看到罗英俊十分为难,又加了些注释,应该进行战略调整,若这样长期硬行坚持下去,对油田后期开采会产生不利……油田已经老化了,应该考虑为它减负……

　　罗英俊将情况如实向总经理马富才作了汇报,马富才表态:

这里减,那里就得有增的,总产量不能减!最后到哪里去补产?你们减,减多少,最后要看平衡。

王启民又追加了一句:"那就不妨先少减点,怎么也得为油田减减负,缓解一下压力。"

最后决定每年减产150万~200万吨。再以后又一点点下调,直至2002年才确定为4000万吨。至此,大庆油田年产5000万吨,已经持续了27个年头! 2002年是个分水岭,自这一年以后,提法改为"年产4000万吨持续稳产""建设百年大庆油田"……

日升月落,斗转星移,王启民以他一往情深的赤子之心,与大庆油田一路同行!冰霜雪雨,潮起潮落;历尽艰辛,痴心不改,一路谱写着科技创新的创业之歌!

科研攻关结硕果 二

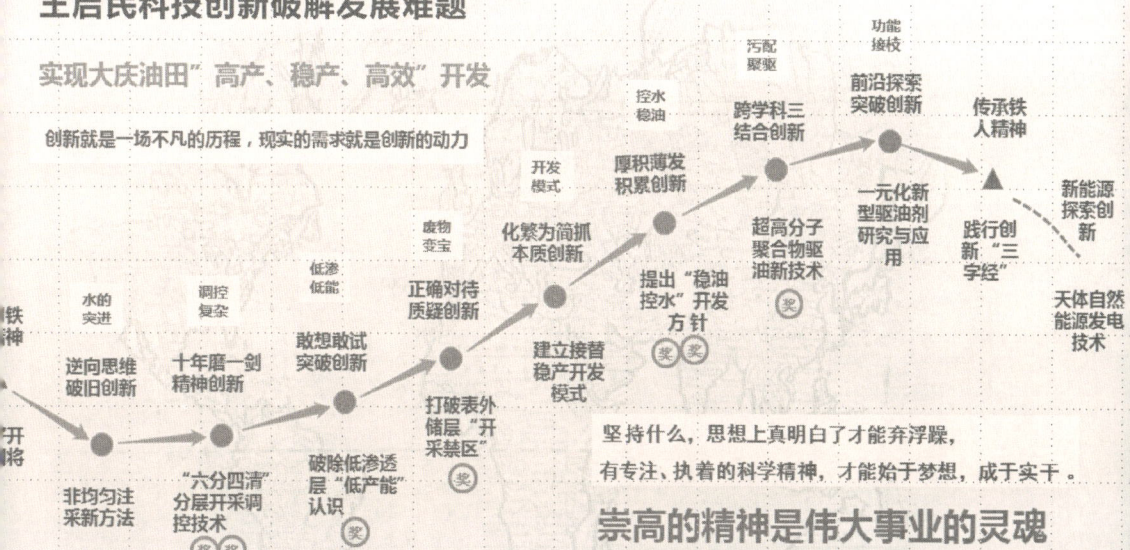

二 科研攻关结硕果

崭露头角

> 1978 年，王启民的试验项目获了全国科学大会奖。这是他人生第一次获大奖，用血泪浇灌的成功之花，终于结出了令世人瞩目的硕果！

1978 年初，大庆油田总地质师闵豫看到王启民所取得的一个又一个成绩，惊叹不已。一次，当他听完王启民关于中区西部试验区整个情况汇报后，拍着他的肩膀说："你是个实干家，大庆十年稳产没有问题了。路子是你们蹚出来的，全国要召开科学大会，你的这个项目要报奖。"那时，王启民已拿到打开地宫大门的金钥匙！一破一立。

因此，1978 年王启民的试验项目获了全国科学大会奖。这是他人生第一次获大奖，用血汗浇灌的成功之花，终于结出了令世人瞩目的硕果！为什么是血汗浇灌？因为那一时段，他病得一塌糊涂！

这个人少言寡语，沉着冷静。吃苦而不诉苦，一双眼睛总是盯着油层，他总是在井场，总是在记录。但人们记忆更多的是他的腰病，他从一口井跑到另一口井，去观察、去记录、去分析、去思考，有时哈着腰，有时弓着腰，有时双手护着腰。大家经常看到他手拿笔记本，跑来跑去，路是直的，而他却只能弯着腰跑。大冬天，他独自坐在井口边，背上腿上都裹着破毛毡，全身上下都是油乎乎的。20 世纪 60 年代开始十几年间，

每到星期天,大家都回家。他呢?难得回次家,不是不可以回,而是手头的工作不允许他回!可他的心里却直乐,到了睡觉的时候,他就可以把大家的被子抱过几床压在身上,一边享受冬夜的温暖,一边体会"占便宜"的滋味。平时他就没这个"便宜"可占了,大家都忙工作,通宵达旦是经常的事。工作一忙,就不脱衣服睡,被子也不打开,被子和褥子都卷着,空出床板好让大家当凳子坐,当桌子用。晚上裹着大衣一躺,就算一夜。有一天,外面太阳晴好,大家想把被子拿出去晾晒一下,突然听到被子里有吱吱的叫声,抖开一看,掉出一窝小老鼠……

王启民在实习期间就感到隐隐作痛的后背开始剧痛,他患了类风湿僵直性脊椎炎!这个在大学校园曾是三级运动员的健壮小伙,就这样渐渐变成了典型的"罗锅",连挺直腰走路都十分困难!父亲的严教,贫困的家境,使他练就了巨大的耐受力。因此,就在他因类风湿弯了腰、全身浮肿的情况下,他也仍然工作在现场!每当病痛袭来,王启民就会想起他所经历的种种磨难,那些磨难都是扛一扛就过去了。因而,他一直心存侥幸,这病是不是过一段有了抗体,就会自然好起来呢?

刚到油田实习那阵,条件相当艰苦,连个遮风避雨的地方也没有,真正是天当房、地当床。到了夏天,茫茫荒原,蚊虫成群结队,叮得人睁不开眼,大家都像养蜂人一样,戴上了那种"避蜂帽",在荒原叫"蚊帐帽"。而王启民为了锻炼自己,就坚持不戴。恶蚊常常叮得他满身是大包,有时甚至已经发炎,可他照样去上班。久而久之,蚊虫叮咬得多了,体内真就产生了抗体。开始,被蚊子叮了是要起大疙瘩的,后来就变成小红

二 科研攻关结硕果

点点，也没那么疼痛难忍了。

20世纪60年代初，粮食不够吃，晚饭只吃一小块菜窝头，喝一小碗盐水汤，可他们要一直工作到下半夜。那种饥饿，何时回想起来都是不堪忍受，可他还是忍了下来。饥寒交加，他又患了严重的胃病，一疼起来，就满身是汗，他同样是忍着。后来，粮食渐渐多了，生活也得到改善，经过一段休养，胃也有所好转。因而，王启民认为，好一点点，就会大好，甚至会全好。疾病无非两种情况，不是死就是好，只要干细胞还在，机体就会被复制，病痛就会渐渐好转。

有了这种理念作指导，王启民愈加不在意。尽管他正遭受严重僵直性脊椎炎的折磨，可他还是在现场坚持着，为的是油田的高产稳产。

艰苦的条件，过度的劳累，王启民的病越来越严重。他躺下坐不起来，坐着站不起来，站起来又走不了，身子弯曲到90度甚至连鞋带都系不上，生活基本不能自理。然而他还是坚持工作在试验现场，每天僵硬地站起来，费力地活动许久，再僵直地走。

看到他每况愈下的身体，同事们背后议论："王启民这不是快成废人了吗？"听到这些议论，他心中一片苍凉。他觉得，他若真是连工作都不能干了，那活着还有什么价值！于是暗下决心，决不能成为废人，一定要成为对油田有用的人！可是病痛并没因为他的美好愿望而好转，每走一步都要休息一会儿、喘口气才能进行下一个动作，可他还是咬紧牙，天天坚持着在现场作试验。不久，风湿发展到头上，他两眼红肿，头痛不已。

医生说,这样下去,会有双目失明的危险。大家都劝他去治病,可他总是说:"等我忙过这阵子就去!"可他的这一阵子没完没了,最后还是领导下了命令,强迫他去兴城疗养。

兴城依山傍海,温泉汤池,林林总总。20世纪60年代,这条件就是人间天堂了,比起青天一顶、荒原一片的大庆,简直天壤之别。王启民到了那里,首先接受了一次精神浴,心清气爽,病先去了一半。接着下了汤池,服了药物,通过实质性的治疗,不久便觉病情好转。卸去了病痛的重压,心中腾出一片天,他开始梳理头脑中的数据和资料,将这些数据和资料"消化后,再上升为理性认识"。

王启民认真思考了大庆油田地下总体状况,发现薄差油层面积很大,储量十分可观,是一个巨大的地下宝库。但由于受到开发技术的限制,暂时还没有办法将它们拿出来。不过只要把它们梳理清楚,做到心中有数,接下来就在开采技术和工艺上下功夫,把石油从地下拿出来,那只是迟早的事。当前所采用的温和注水,不管什么样的渗透层,都注同样的水,这样做所带来的结果是:一方面由于注水量减少,含水上升慢了,但主力油层没有了动力,就开始消极怠工,向差油层看齐,大家都跑一样快,使采油速度降低;另一方面,虽然水注少了,但好油层的渗透率高,注的水尽管少,还是要通过好油层突进,涌进油井,好油层产量没上来,水倒上来了。

病是一天好似一天,王启民的思路也渐渐明晰起来,经过反反复复地推敲,王启民深深认识到,由于石油深埋地下,不

二 科研攻关结硕果

可能用眼睛看清楚，地下情况是个什么样子，绝不能靠想象，只有占有大量的资料，才能确定正确的开发方针，确保油田的科学开发。当时的"均衡开采"，设想水在地下油层均衡地向前推进，把油驱赶到成排的油井中再开采出来。事实上，地下情况不可能理想化。当时对注水开发认识有局限！

对油层认识的局限，倒给学术上尚无资历的王启民增添了信心，创造了机会。大庆这方"世外桃源"是主张"不拘一格降人才"的。像他这样资历尚浅的，若在其他老牌科研机构根本没有发言资格。可在大庆就不一样了，只要拿出真东西，解决了油层难题，真正拿出油来，那就是能人！大庆会战时期，对知识分子格外重视，归结为"充分信任、大胆使用、严格要求、热情帮助"。不拘一格选拔人才，宽松的政治环境为新毕业的大学生提供了施展抱负的机遇和平台。

思路的明晰，理论的确立，令王启民自觉纲举目张，只待这张网撒出去，捞大鱼是指日可待！心情畅爽，病情愈加好转。然而，无论如何，改变不了既成的严酷事实：腰椎间隔性僵直，尾骨突出，腰不能像正常人那样弯曲行动！对这严酷的事实，王启民并没气馁，他觉得自己还年轻，以后只要多加注意，再加强锻炼，这病是会渐渐好起来的。经过这一段时间的治疗，不是就好转了吗？起码不会再像以前那样，躺下坐不起来，坐下站不起来，站起来又走不了。不管怎样，能走、能动、能工作，他就没什么奢望了。

经过三个月的疗养，能走、能动、能工作的他，再次重返工作岗位！从此开始了新一轮攀登，这时才是一个科技工作者

真正意义的发轫!

1978年,终于迎来了科学的春天,这是国家形势转暖的时节,也是大庆油田开发重回正轨的开始,更是王启民政治生命勃发的转折点。3月18—31日,中共中央、国务院在北京隆重召开了全国科学大会。在6000人参加的开幕式上,邓小平作了重要讲话,讲话号召"树雄心,立大志,向科学技术现代化进军"。讲话明确指出:"现代化的关键是科学技术现代化""知识分子是工人阶级的一部分",重申了"科学技术是生产力"这一观点,从而澄清了长期束缚科学技术发展的一些是非问题。

邓小平的讲话共有三个部分。第一部分有两个主要论点:其一,科学技术是生产力;其二,知识分子是工人阶级自己的一部分。第二部分讲科技队伍建设。第三部分是对科技工作采取的一些具体措施,包括党如何领导科学技术工作、科学工作中如何配备干部、怎样选拔人才、学术上坚持百家争鸣方针等丰富内容。

邓小平认为讲话的第三部分也很重要,后来他对一个外国人讲:"我在科学大会上的发言,讲的第三部分不为很多人注意,其实很重要,我愿意当大家的后勤部长。"科学大会后,也多次这样说过。

当时在政治局讨论会上,这个发言稿曾受到质疑,并要求修改。会后,方毅请示邓小平,是不是要改,邓小平坚决地回答:"一个字也不改!"

邓小平非常赞同"科学技术是第一生产力"这句话,当时,他还说了一句话,文献中没有发表,这句话是:"如果科

二 科研攻关结硕果

学技术是第一生产力，那么，知识分子就不是'老九'，而是'第一'。"现在说起来"科学技术是第一生产力，"大家都觉得这是个常识，却不知当时这话可是一字千钧，将知识分子当作工人阶级的一部分，看作自己人，那可是要重新改写知识分子命运的，而邓小平却是肩负着改变中国进程的闸门，正是这句话，擎天柱般撑起了改写知识分子命运的一片天！堪称天翻地覆！

接着，方毅作了有关发展科学技术规划和措施的报告。大会宣读了中国科学院院长郭沫若的书面讲话《科学的春天——在全国科学大会闭幕式上的讲话》。会上先进集体和先进科技工作者受到了表彰，王启民便是其中之一。

面对深埋的油层，王启民日复一日、年复一年地分析综合，对他参与试验过的每一口井的各类数据都记得烂熟，凡是认识他的人都知道，王启民从来不跟人闲聊，从来没见他有什么业余活动，也从来不想引起什么人的注意，可他的光芒却是无人可以遮掩，科学大会后更是光辉得令人炫目！有的人弄不懂，为什么这个看上去不怎么起眼的小人物，竟会弄出这么大的响动，竟会发出这么大的光亮？

王启民作为工人阶级一部分的知识分子中的杰出代表，用忠诚、赤热、坚韧、奉献诠释了中国知识分子的真实内涵。时代造就英雄，伟人成就伟业。1978年那个科学的春天，也是王启民的春天，更是大庆油田展开新征程的春天！

攀登高峰

> 不惑之年，王启民又获大奖——国家科技进步奖特等奖。

王启民谈一路攀登的动力

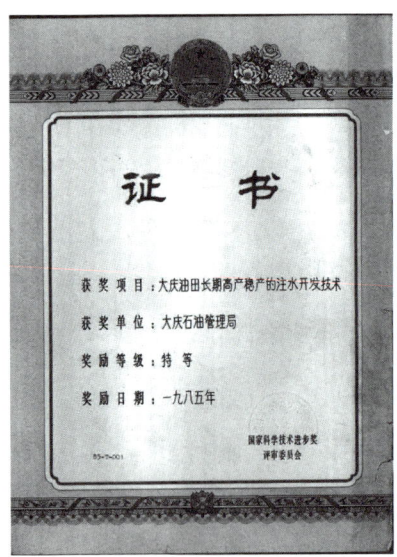

▲ 1985年，"大庆油田长期高产稳产注水开发技术"项目获国家科技进步奖特等奖

光阴荏苒，转瞬即逝，时隔仅仅7年，大庆油田已经是年产5000万吨以上原油，持续高产稳产。"大庆油田长期高产稳产注水开发技术"项目获1985年国家科技进步奖特等奖！

20世纪80年代，大庆油田全面进入高含水开发阶段，王启民结束了中区西部接替稳产试验后，又马不停蹄地开始了大庆油田高含水开采技术的研究。通过这些研究和试验，他又提出了"细分开采，接替稳产"的开发理论和方法。凭着王启民以往的经验，他的这

二 科研攻关结硕果

个创造性的见解终于博得了油田领导和石油工业部的支持，使大庆油田的地质储量有了大幅度增长。

1985年，经国家鉴定，这一项目对石油工业原油生产任务的完成和油田高含水期开采技术的发展做出了特殊贡献，油田年产原油5000万吨的稳产期可延长到20世纪90年代以后。全面应用后将取得更显著的经济效益。因此，这项科研成果获得了国家科技进步特等奖！

在油藏工程的科研道路上，王启民又登上第二座令人瞩目的高峰！

这一里程碑标志着第一个稳产10年圆满结束。这10年的前5年靠的是地下主力厚油层，后5年靠的是非主力油层的中低渗透层和一部分薄油层。这就是王启民所说的"先肥后瘦，先厚后薄"。这是一个转变开采方式的举措，开展一次加密调

▼ 1986年，石油工业部召开大庆油田年产原油5000万吨稳产10年庆祝大会

整,实现 5000 万吨、稳产 10 年的宏图大业!这一里程碑记录了 1976 年以来,大庆十年稳产的艰难历程,也记录了大庆人战胜艰难险阻的辉煌足迹!

王启民整月整月泡在井场。白天他一口井一口井取样化验,一个数据一个数据分析对比。晚上,他不是与同事讨论,就是将这些新获得的资料与原有资料结合起来研究。还要将所得的结果写成情况观察纪实,画出开采变化曲线。他的成就就是得益于他刚到油田之后,在"三老四严"作风的熏陶下,树立起为油田负责一辈子的责任心。

当时,油田领导要求技术人员将这些纪实和曲线每天都汇报到会战工委,使领导及时了解油井动态,以便作出相应的决策。

王启民将这些纪实、曲线弄好,随即刻成蜡纸,然后还要自己油印,通宵达旦一如家常便饭。晚上工作得很晚,肚子饿就拣几片白菜叶煮一煮,蘸上大酱充饥,困了趴在桌子上睡一会儿。每当这难熬的时刻,他就想到铁人王进喜的一句话"为了拿下大油田,越苦越累心越甜。"这时,他会暗下决心,自己既然是一名技术人员,就一定要努力探索地下油水分布规律,"闯"出我们国家自己开发油田的路子!稍稍打个盹,就已经日出东方,王启民便将这些资料装到一个军用包里,当时大家都以使用这种军用包为荣,很久以后他还保留着这个军用包。早饭不吃他就上路了,将这些刻印好的资料,分发到会战工委和各级领导的手里。不想这一举措,为他日后成为石油专家打下了很好的基础,每一个成功都离不开这些基础资料!

二 科研攻关结硕果

▶ 前线职工搭帐篷

获奖之后，已过而立之年的王启民，又一次扛起先锋大旗，带领试验小组全体成员开赴试验现场，在采油前线搭起帐篷，开始了漫长的接替稳产试验。

一次，他在中区西部搞试验，去作业队交代第二天的作业程序，傍晚才步行回住地。为了抄近道，他从荒野的一条小土路穿行，中途没留意被土坷垃绊了一下，顿时失去平衡，双腿跪倒在地。唰！一股强电击般的疼痛瞬间传遍全身，几乎昏厥。待疼痛一点点散去，他全身已进入麻木状态，几经努力起不了身。天渐渐黑了下来，还是没有爬起来的能力。没有通信设备，找人来救已是不可能。天黑了更不会有人路过，他顺势躺倒在

地，将身子一点点摆平，这才感到有一点点舒展。于是将目光抛撒开去，触目所及的是辽远的夜空，无边的苍穹缀满闪闪烁烁的星星，一派寂寥孤独。

眼下的他只觉得叫天不灵，呼地不应！他必须自救！心里不断地自勉："你要顶住，你还年轻，今后还有很长的路要走，不能就这样倒下去！"他开始慢慢地活动身体，先是侧过身，再用手撑着一点点坐起来，最后终于坚强地站了起来！待他走回住地，已是鸡鸣报晓。

朔风阵阵，飞雪漫天，踏着冰雪的旋律，春节来到了。在这辞旧迎新的时刻，谁不想一家团圆？试验组的同事们都纷纷回家享受团圆之乐去了。帐篷里静悄悄，王启民倒觉得这正是看资料、分析问题的好机会，于是他断然留了下来。就在举国辞旧迎新之际，他拥着同事们的三床棉被，借助微弱的灯光，专注地分析着一条条曲线，描绘着一张张图表。凛冽的寒风裹着鹅毛大雪，淹没了远处的灯火和喜庆的爆竹，他不时哈着热气，舒展一下僵硬的腰身，这个本该阖家团圆的夜晚，王启民却雕塑般一直工作到黎明，眼前晃动的总是地宫的奥秘。

王启民愈加勤勉了，干脆就住到了井场，将妻子陈宝玲孤零零抛在家里，而他自己竟是白天当工人，晚上当技术人员。遇上天下雨，运送封隔器的车因泥泞进不了井场，他又急着搞试验，于是找来一部小推车，亲自将封隔器顶着雨推进井场，千米远的路，他整整推了两个小时。推到了，人也快累散架了。

到了晚上，他又埋头灯下开始尽他技术人员的职责。王启

二 科研攻关结硕果

民案头的灯总是亮着，开始大家还以为他睡觉不喜欢关灯。日复一日地不关，值班人员有意见了，这不是浪费电嘛？于是绕到他的帐篷窗前一看，他还在灯下忙活，又是写又是翻的，床上还摊满了各种资料，值班人员很是感动。

工作对王启民来说不再是工作，而是生命律动的重要组成部分。在他的日历中，没有星期天，没有节假日，更没有上班和下班的概念。就算春节放假，他也很少在家过个年三十，这已成惯例。除了公差、开会，他不是在现场就是在办公室，两点一线，一成不变的轨迹。

▲ 王启民在翻阅资料

偶尔，王启民也会回一次家，陈宝玲也绝不会客气，她会抓王启民当"劳工"。一次为了部署新井如何加密，王启民又得带领科研人员住到现场。临行前，领导关照，让他回家处理一下家务事。回到家里，果然家务多多。妻子告诉他，家里粮食已经不多了，她这一阵工作也很忙，孩子又生了病，她还得带孩子去医院，所以让王启民去粮店买些面。王启民一听，这事当然责无旁贷，于是拿起粮本就去"买面"，结果他一去不返。

  原来王启民一出门,便想起班上的事还没安排停当,他准备去安排一下再去买粮。不想,一跨进办公室便一头扎到工作上,至于买粮的事早忘到了九霄云外。攻关组开赴现场那一天,由于走得比较急,王启民根本就没来得及回家同家里人告别。匆忙中,连换洗的衣服都没带就乘车出发了。揣在衣兜里的粮本,也只好跟着他开始了试验现场的"旅行"。又过了几天,家里的余粮已空,妻子陈宝玲翻遍所有的箱箱柜柜,也没有找到粮本。只好把电话打到中区试验现场,王启民这才想起粮本还睡在自己的衣袋里,粮本这才结束了它的现场"旅行"!

二 科研攻关结硕果

再创辉煌

> 1996年，王启民再获国家科技进步奖特等奖。

1996年12月17—19日，在人民大会堂举行的1996年度国家科学技术大会上，"大庆油田高含水期'稳油控水'系统工程"项目，获国家科技进步奖特等奖！

▲2019年，王启民获国家科技进步奖特等奖

此前，1995年9月26日，大庆油田迎来了开发建设35周年暨5000万吨稳产20周年的庆典！这一天，也是王启民58岁生日纪念！这一盛典，既是大庆油田空前隆重的庆功，也是大庆人满怀豪情开始二次创业的誓师！

大庆开发建设35周年之所以会有如此巨大的轰动效应，那是因为大庆担负了全国石油产量的半壁江山，这对石油战线乃至全国的经济发展都具有极为重要的意义。"长期高产稳产""稳油控水"，这都是大庆人的独创，在油田开发高含水后期居然就做到了"含水三年不过一"！他们是怎么做到的？所有的石油人甚至高层领导都无不怀有一些疑问，举世无不惊奇而又称赞！因为不争的事实是，大庆真就是高产稳产了整整20年！总公司领导一看，大庆不得了！总公司科技大会就在大庆召开！

▲ 1995年，大庆油田举行开发建设35周年暨5000万吨稳产20周年总结表彰大会

二 科研攻关结硕果

1995年9月15—20日，中国石油天然气总公司第五次科技大会在大庆油田勘探开发研究院科技中心报告厅举行。紧接着，9月20日，大庆油田开发建设35周年暨5000万吨稳产20周年总结表彰大会在大庆油田体育馆举行。

大庆实施的"稳油控水"工程，王启民提出的"三分一优"结构调整方案，使大庆油田实现了三年平均含水上升率不超过1%。1995年，油田综合含水

时任国务院总理李鹏的高度评价

时任国务院总理李鹏在视察大庆油田时，对大庆跨世纪的宏伟蓝图给予高度评价："5000万吨稳产再保持10年，这对我们整个国民经济，对我国能源工业的发展，对实现'九五'以及今后10年的发展目标，都具有十分重要的意义。"

记者采访王启民

会后,回到会议驻地,记者采访了王启民。

王启民对记者说:"今天,我受到中央领导的接见,心情很激动。总书记和总理对大庆油田一再肯定,说明了党中央、国务院对陆上石油工业非常关心,这是我们的巨大动力,我感到'稳定东部,发展西部'是国家的殷切希望,我们把原油产量搞上去,国家进口油就会少一些。稳定东部,大庆油田的担子非常重,稳到下一个世纪,究竟能稳到哪一年,这个路子很长、很艰巨。我作为一名科技人员责任重大,压力也很大。现在关键是要把稳产的工作做好,针对油田实际搞好科研攻关,主要是在'三个三'上下功夫,这'三个三'就是:三次采油、三次加密、外围油田三类油藏开发。通过攻关,确保原油产量稳产。只要搞好聚合物驱、三元复合驱、多元泡沫驱,上好这三个台阶,稳产就有保障!"

不过81%,有效地控制了油田产液量的剧增,与国家审定的"八五"期间油田开发指标相比,5年累计多产油610.6万吨,少产液24749万吨,少注水8617万立方米,少作业23176井次,少用电15亿千瓦·时,少建33座注水、污水处理站及大量配套工程,累计增收节支150亿元。不仅获得了显著的经济效益,还使大庆油田连续20年保持年产原油5000万吨以上,这在世界同类油田开发史上是前所未有的!

1995年10月16日,王启民荣获第四届孙越崎科技教育基金奖的能源大奖,成为全国四名佼佼者之一!同年,王启民被评为中国石油天然气总公司特等劳动模范,获得全国先进工作者光荣称号,并被评为大庆石油管理局"十佳"职工!

1996年12月3日,国家

二 科研攻关结硕果

科委开始对"稳油控水"等项目评奖。大庆石油管理局总地质师巢华庆、大庆油田勘探开发研究院院长王启民,还有大庆油田采油工艺研究所副总工程师徐志良一行3人,在北京国家科技会堂向国家科技奖励评审委员会汇报了"大庆油田高含水期'稳油控水'系统工程"。他们精心准备了岩心、照片、实物、资料,20多个评委人手一份。会上,总地质师巢华庆作了10分钟的精彩发言,就5年来"稳油控水"工程的实施取得的多产原油610.6万吨、为国家累计增收节支150亿元等成果作了详细阐述。这个发言由王启民倾心策划,徐志良认真编写。阐述一结束,20多名评委毫无悬念地一致给予通过。

1997年1月21日上午,在中国石油天然气总公司礼堂召开1996年度奖励表彰大会。总经理代表中国石油天然气总公司将一枚金光闪闪的奖牌挂在王启民的胸前,授予他"铁人科技成就奖"金奖,这也是94名获奖者中唯一一个金奖,奖金为10万元人民币。

面对自己用心血、智慧和汗水换来的10万元奖金,王启民表现了博大胸怀和高风亮节。他表示:"工作不是我一个人做的,我只是油田千万个科技人员和现场工人的一个代表,这钱我一分不能取,我要用这笔钱在院里设立一项科研奖励基金,鼓励更多的科技工作者拿出各自的成果!"大庆油田勘探开发研究院用这笔奖金设立了青年科技奖励基金。

> **记者采访王启民**
>
> 王启民领取奖金后对采访他的记者说:"总公司这次把铁人科技成就奖唯一金奖授予我,并不是说我取得的成绩最大,我取得的每一项成绩都包含油田许多科技人员和现场工人的心血,我只是他们的代表,是代表他们领奖的。总公司将这一称号授予我,也是期望我为大庆油田长期稳产做出更大贡献,对我既是巨大的动力,也是巨大的压力。我必须以更高的热情投入科研,不辜负各级领导的关怀和厚望。"

二 科研攻关结硕果

钢浇铁铸

> "这是我们新时期铁人王启民同志。"

1997年1月17日,中国石油天然气总公司工作会议在人民大会堂举行。人民大会堂福建厅,王启民西装革履身披大红绶带,绶带上缀着金光闪闪的五个大字:新时期铁人。

下午3时许,中国石油天然气总公司高级顾问、原总经理王涛等陪同时任中央领导款步来到福建厅,王涛将王启民推荐给了中央领导。对王启民来说,这一刻难以忘怀!

中央领导紧紧拉住王启民的手,将王启民上下巡视一周,关切地询问他的身体情况,深切的关怀溢于言表。

紧接着,又表扬了王启民

时任中央领导谈大庆油田

大会上时任中央领导有一段讲话,特别强调了大庆精神。他说,"今天,我要特别给你们坦率地亮一个思想,就是中央认为,我们建设有中国特色的社会主义,不单单是要把经济搞上去,还有一件很重要的事就是,要把精神文明建设搞上去。大庆精神、艰苦奋斗、三老四严等传统作风是我国工人阶级的优秀品质。大庆是我国工业战线一个很好的榜样,大庆职工和石油队伍是我国工人阶级的英雄队伍。我们有了第二代铁人,这就是王启民和王为民,他们两个,一个是科技人员,一个是工人,都是新时期的铁人。我认为,我们有许多模范人物,应当大力宣传他们的事迹。"

总公司领导高度评价王启民

王启民同志亲身经历了大庆会战,36年来,他是踏着铁人王进喜的足迹走过来的。他的成绩和贡献,与大庆连续21年的高产稳产紧紧地连在一起。他是陆上石油工业二次创业中,英雄群体的杰出代表,是科技工作者的楷模,是坚持革命精神和科学态度高度统一的典范。他胸怀全局、为国分忧的爱国主义精神,艰苦奋斗、顽强拼搏的创业精神,锲而不舍、敢于攻关的求实精神,克己奉公、为人民服务的奉献精神,尊重群众、讲究民主的团结协作精神,是石油工业光荣传统和大庆精神、铁人精神在新形势下的具体体现。他那种'宁肯把心血熬干,也要保持高产稳产'的革命豪情,与铁人王进喜那种'宁肯少活20年,拼命也要拿下大油田'的英雄气概,同样气壮山河!从王进喜到王启民,虽然历史条件发生了很大变化,创业环境也有许多不同,但他们闪烁出的可贵精神是一致的,这就是中央充分肯定的'爱国、创业、求实、奉献'的大庆精神。

对油田稳产的功绩。感慨道:"大庆油田保持了20年5000万吨以上的生产水平,这对中国的作用太大了。我认为,大庆不仅仅创造了物质上的财富,而且在精神上积累了财富,这种财富是我们全国工人阶级积累的精神财富的一部分。特别是在当前反腐败的斗争中,这种精神给我们开展反腐败工作注入了很好的活力。"

1996年7月,中国石油天然气总公司领导深入油田检查工作,在听取大庆石油管理局领导回顾大庆油田36年来所走过的光辉历程、展望油田未来二次创业的宏伟蓝图之际,总公司领导感慨地说:"大庆油田一次创业有以铁人王进喜为代表的'五面红旗',弘扬了大庆精神、铁人精神。那么,大庆油田二次创业还是继承和发扬大庆精神、铁人精神,也得有带头人!王启民

二 科研攻关结硕果

就是大庆坚持科技领先，原油生产进入高产稳产阶段后的杰出代表，是大庆广大职工坚持革命精神和科学态度高度统一的典范！王启民同志就是'新时期铁人'！"

后来，在王启民一系列先进事迹报告会上，总公司领导又给予了王启民高度的评价。

1997年是王启民最为繁忙的一年，也是他收获颇丰的一年，他红红火火地跨越了人生的第三个台阶，开始向下一个高峰迈进。

感动中国

> 一个感动中国人物、一个时代领跑者!

2009年,国人迎来祖国60周年华诞,举国上下一片欢庆。2009年还是大庆油田开发建设50周年纪念,作为大庆人,这就承载着双重欢庆的喜悦。

7月下旬,为深入开展群众性爱国主义教育,迎接新中国60周年华诞,中央中组部、中宣部等有关部门联合组织开展"100位新中国成立以来作出突出贡献的英雄模范人物和100位新中国成立以来感动中国人物"评选活动。中国石油天然气集团公司推荐了王进喜、王启民、秦文贵。这一年,王启民可以说是喜事连连。

9月1日下午,中央电视台"心连心"艺术团将一台"为祖国加油"的豪华演出送到了大庆。在演出互动环节,节目主持人采访了王启民,主持人极尖锐地提出:"百年油田的梦想能实现吗?"王启民的回答绵密而坚韧:"我坚信,我们的队伍将永远传承大庆精神、铁人精神,永远攻坚克难,不断提升勘探开发科技水平,打好高科技新会战,百年油田一定会实现!"一个精神、一个水平、一个高科技,三点确定一个平面,那是个金三角,平稳而坚实。

二 科研攻关结硕果

▲ 王启民接受记者采访

9月10日,"双百"人物评选结果在京揭晓,中国石油3位英模:铁人王进喜,新时期铁人王启民,当代青年榜样、石油青年楷模秦文贵,同登"双百"榜的"100位新中国成立以来感动中国人物"。

9月14日,"双百"人物座谈会在北京人民大会堂举行。会前,党和国家领导人胡锦涛、吴邦国、温家宝、贾庆林、李长春、习近平、李克强等接见了与会的全体代表。座谈会上,李长春指出:"一个民族、一个国家要开创一项伟大的事业,必须要有强大的精神力量作支撑。要大力宣传'双百'人物的感人事迹和崇高精神,使爱国奉献成为时代风尚和社会主流,成为凝聚全体人民不断开创中国特色社会主义事业新局面的强大精神力量。"

9月15日,中国石油天然气集团公司党组召开学习全国"双百"人物座谈会。集团公司党组成员自豪地说:"在百位感动中国人物当中,有3位中国石油英模当选,这是3位同志的光荣,是全国亿万民众的信任与肯定,更是百万石油员工的荣耀。伟大的时代必然成就伟大的事业,伟大的事业必然造就伟大的英雄群体,这充分体现出中国石油深厚的人才基础和厚重的企业文化底蕴。"

集团公司对王启民予以充分肯定,把艰苦奋斗的革命精神与坚持科技进步和不断创新有机结合起来,才是"新时期铁人精神"的真正内涵。王启民正是凭着"恨不得钻到地下把油层搞清楚",立志"跨过洋人头,敢为天下先"的豪情与奋斗,才取得了如此辉煌的成就。王启民是科技界的楷模,他身上体现了"铁人"的顽强拼搏精神,体现了"科学技术是第一生产力"的科学思想,体现了我国新时期石油科技工作者的精神风貌。他那种敢为天下先、勇攀科学高峰的精神是石油人的航标。王启民身上充分体现了中华民族和中国工人阶级的优秀品质,是对以"爱国、创业、求实、奉献"为内容的中国石油企业精神的最好诠释!

9月22日上午9点,大庆油田发现50周年庆祝大会在大庆油田体育活动中心隆重举行。当时,中共中央政治局常委、中央书记处书记、国家副主席习近平出席庆祝大会,并作重要讲话。中共中央政治局委员、国务院副总理张德江在大会上宣读了国务院贺电。王启民代表大庆会战老同志发言:"在此,我代表大庆油田广大干部、职工和科技工作者,向党中央、国务

二 科研攻关结硕果

院，向集团公司党组、黑龙江省委省政府郑重承诺：我们石油工人有信心、有决心，更有技术、有能力，为国家多找油气、多产油气，不让祖国为石油发愁！"

王启民要弘扬大庆精神，要坚持超越权威、超越前人、超越自己的"三超精神"，走出家门，跨出国门，放飞第二个梦想！在这些理念的推动下，他更加铿锵地说："我们不仅仅在大庆为祖国献石油，还要在世界各地为祖国献石油！"

9月22日晚7点，王启民又抖擞起万般豪情，到北京接受中华全国总工会举办的"时代领跑者"——新中国成立以来最具影响力劳动模范的颁奖。18点50分，60名"时代领跑者"接受中央领导的接见，并合影留念。19点30分，颁奖盛典于北京会议中心一楼报告厅举行，中共中央政治局委员、中华全国总工会主席王兆国出席盛典并为"领跑者"颁奖，中央电视台转播了颁奖盛况。

9月30日，王启民收到国务院总理温家宝的邀请，出席庆祝中华人民共和国成立60周年招待会，亲耳聆听温家宝总理的国庆致词，亲眼目睹举国各界人物以及国际友人的划时代风采！王启民自豪而骄傲，幸福而满足，他原本并未期待收获这么高、这么多的荣誉，他只想能找块用武之地，不在人生之路上白走一回。

王启民的心里一次次回荡着感谢、回报、回报、感谢！为了这一郑重承诺，他必须以古稀之年再上疆场，"站在世界的高度，更宽、更广地为祖国献石油"，他誓言铿锵，他行动果决！

王启民认为，一个人的成功，机遇十分重要。邓小平同志

提议要多出些油,这便有了高产稳产 20 年的举措。王启民以参与试验区的工作起步,逐步深化的科研课题,一个台阶一个台阶历练出了一个石油工程专家!

二 科研攻关结硕果

改革先锋

> 王启民被誉为"科技兴油保稳产的大庆新铁人",被中共中央、国务院授予改革先锋称号,是获此殊荣的唯一一个石油人。

2018年12月18日,改革开放40周年庆祝大会在北京人民大会堂隆重召开,党中央国务院授予100人改革先锋称号,王启民作为中国石油和黑龙江省唯一代表入选,被誉为"科技兴油保稳产的大庆新铁人",亲耳聆听习近平主席在改革开放40周年大会上的重要讲话。

王启民谈对改革先锋的理解视频

当领导们按序就座,王启民发现,他就在习主席身后。在《春天的故事》乐曲声中,习近平为改革先锋称号获得者颁发改革先锋证书和奖章。在热烈的掌声中,习近平发表重要讲话,他强调:伟大梦想不是等得来、喊得来的,而是拼出来、干出来的。希望大家要不忘初心,牢记使命,在新时代创造中华民族新的更大奇迹,创造让世界刮目相看的新的更大奇迹。庆祝

二 科研攻关结硕果

大会结束后，习近平等亲切会见了受表彰人员及亲属代表，并同大家合影留念。

屈指算来，王启民每十年收获一次，每十年跨越一座高峰！他与大庆油田同呼吸同命运，共同走过了60年的艰辛历程。

王启民一路攀登一路创新，先后参加了40多项课题研究，主持编制了大庆油田"七五""八五""九五"开发规划，完成了8项重大专题研究和试验，取得成果38项，有17项分别获国家、部级奖，多次获得国家科技进步奖。先后20多次被评为国家、省、市劳动模范。

1978年，"中区西部综合措施接替稳产开发"项目为大庆油田5000万吨稳产十年规划的制订提供了依据。获全国科学大会奖，王启民当选第五届全国人大代表。

1985年，"大庆油田长期高产稳产注水开发技术"获国家科技进步奖特等奖。同年，王启民被国家人事部命名为"中青年有突出贡献的专家"。

1995年，获孙越崎科技教育基金会第四届能源大奖。

1996年12月，"大庆油田高含水期'稳油控水'系统工程"获国家科技进步奖特等奖，同获中国石油天然气总公司"十大优秀科技成果奖"。

1997年，中国石油天然气总公司授予王启民铁人科技成就奖唯一金奖。同年被评为大庆油田十佳职工，获中国石油天然气总公司特等劳动模范和全国先进工作者荣誉称号。1997年被授予黑龙江省特等劳动模范，并被批准享受政府特殊津贴。

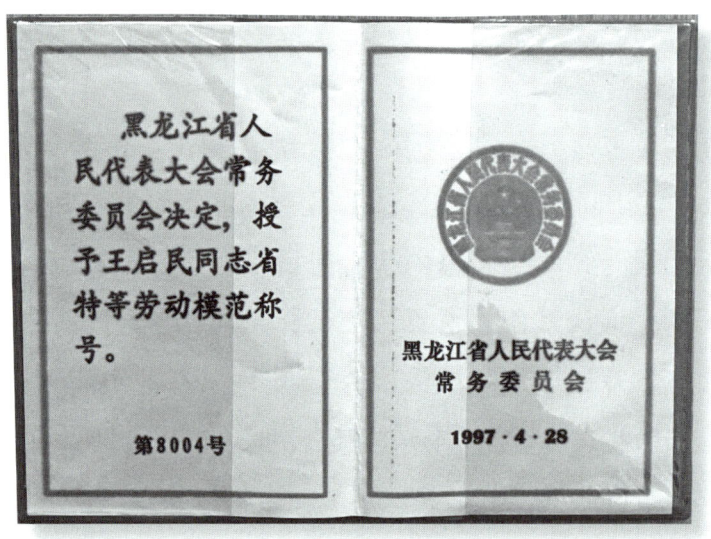

2001年,李四光地质科学奖委员会依据大庆油田的高产稳产源于中区西部整十年的现场科学试验,于2001年10月授予王启民第七届李四光地质科学奖野外地质工作者奖,表彰他在地球科学中的突出贡献。

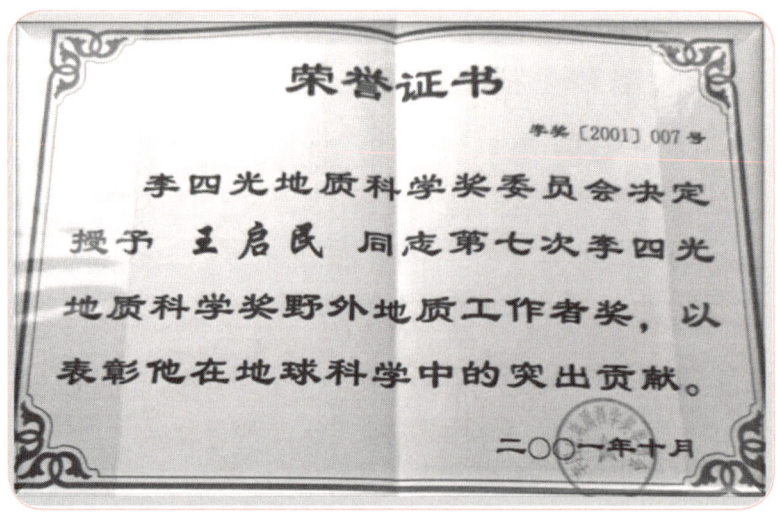

二 科研攻关结硕果

2005年,王启民主持攻关的"一类油层聚合物驱油进一步提高采收率技术"项目获大庆油田公司特等奖。

2009年,恰逢伟大祖国60周年华诞,中组部、中宣部组织全国进行"100位新中国成立以来作出突出贡献的英雄模范人物和100位新中国成立以来感动中国人物"评选活动。9月10日,"双百"评选揭晓,王启民当选为"100位新中国成立以来感动中国人物"!

9月14日,"双百"代表座谈会在北京举行。会前,作为"双百"代表,王启民又一次受到党和国家领导人胡锦涛、习近平、李克强的亲切会见。

2009年9月22日,中华全国总工会授予王启民"时代领跑者"新中国成立以来最具影响力的劳动模范荣誉称号。

2018年12月18日,改革开放40周年庆祝大会在人民大会堂举行,党中央国务院决定,授予100名同志改革先锋称号,科技兴油保稳产的大庆新铁人王启民作为中国石油和黑龙江省唯一代表名列其中,并接受党和国家领导习近平等人颁发证书和奖章。

2018年12月28日,中国石油纪念改革开放40周年、庆祝集团公司重组成立20周年座谈会暨改革开放系列丛书首发式在京隆重举行。

座谈会前,王宜林看望了王启民,对他获得中国改革开放40年"改革先锋"荣誉称号表示祝贺。王宜林说:"榜样的力量是无穷的,你是中国石油的宝贵财富,我们为你感到自豪。你在大庆工作58年,为大庆发展做出了突出贡献,也带出了

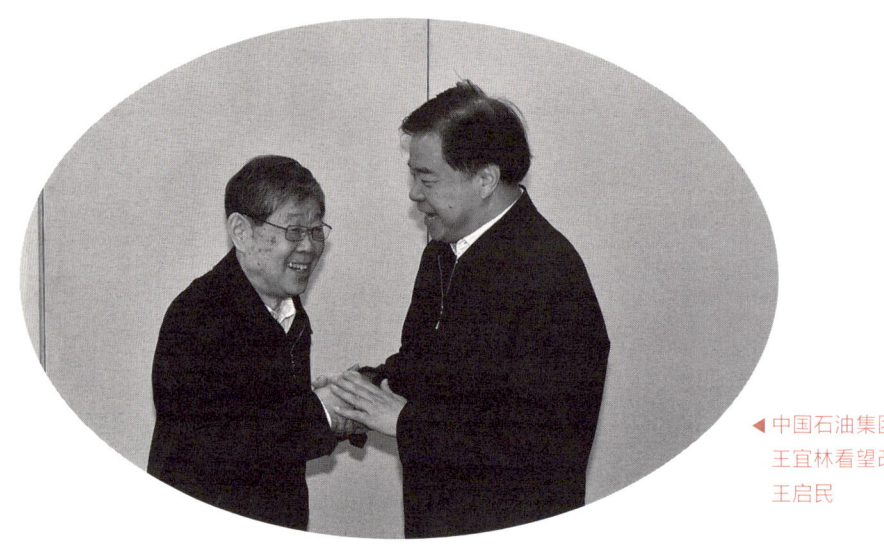

◀ 中国石油集团公司董事长王宜林看望改革先锋——王启民

一批科研骨干。希望你保重身体,继续为大庆当好标杆和旗帜,实现更好发展多提建议,再做新贡献。"今年已经82岁的王启民简要介绍了工作、生活情况,感谢组织提供了"我为祖国献石油"施展才华的大舞台,表示要在大庆建设百年油田中继续发挥好余热。

2019年3月1日,由中华全国总工会、中央广播电视总台联合主办的2018年"大国工匠年度人物"颁奖典礼上,王启民以改革先锋的名义为石油石化战线的"大国工匠"谭文波颁奖,并致颁奖词。

2019年5月1日,央视《新闻联播》再次聚焦大庆油田,60年来,一代又一代的大庆石油人,接续传承铁人精神,不断攻坚克难,为中国发展助力"加油"。王启民带领团队刻苦攻关,为开采石油"斤两必争",科技兴油保稳产,直到今天,依然陪着年轻的石油人,寻找更加前沿的驱油技术。

二 科研攻关结硕果

▲ 2019年3月1日，王启民参加大国工匠2018年度颁奖典礼为"大国工匠"谭文波颁奖

▲ 2019年5月1日，央视《新闻联播》再次聚焦大庆

▲ 王启民接受记者采访

  半个世纪的艰辛劳作，几十年如一日的苦苦探索，王启民的成功是心血的浇灌！中国石油史上，王启民这一代工程专家无可争议地树立了前无古人的一个界碑——中国式的勘探开采。他们就是历史，他们的创新成果就是教科书，他们就是中国石油的探路者！是他们将大庆打造成了世界一流！

三 同心协力共担当

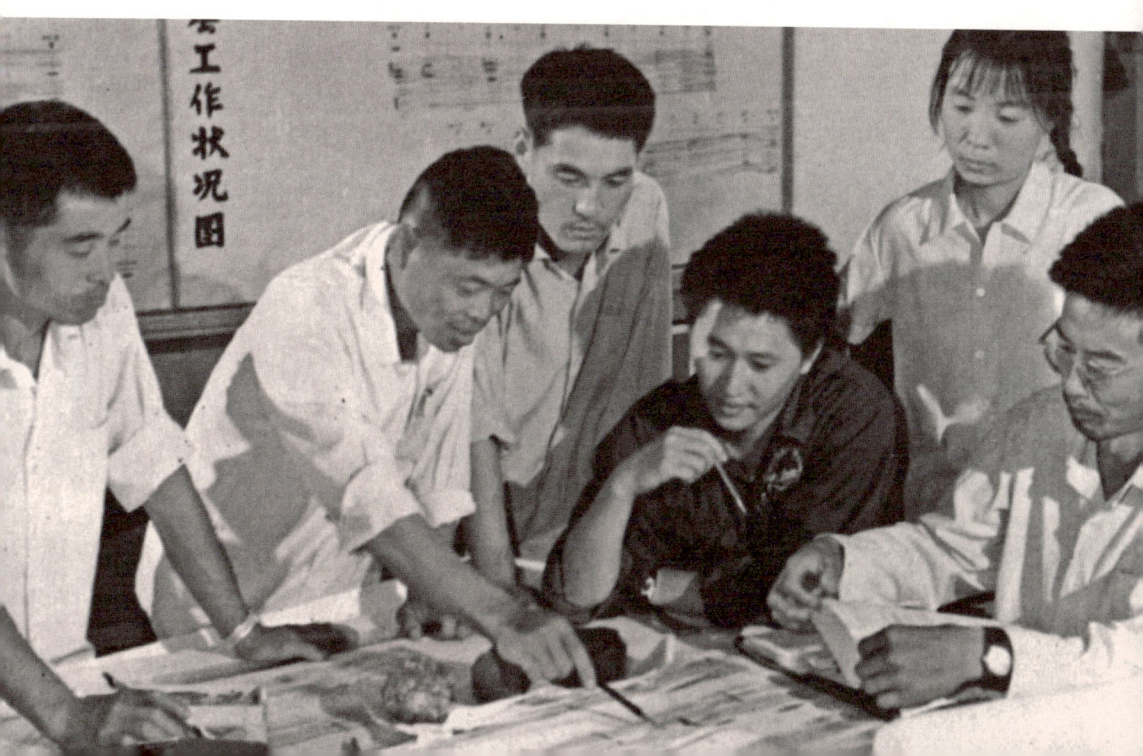

三 同心协力共担当

实事求是

> 权威不以资格为准则,而是凭真才实学和实事求是的态度干出来的。

黎忠全谈王启民事迹视频

黎忠全,大庆油田第一采油厂地质大队原技术员。

于中区西部试验区同王启民在一起工作,那时开采技术还不够先进,正处于试验、摸索阶段。生活艰苦,条件极差,王启民疾病缠身……黎忠全就是在那样一个背景下,与王启民同甘共苦!如今他已退休,提起这段岁月,仍感慨万千。王启民是他试验区的领导,更是他心中的榜样。

黎忠全回忆说:我是1972年到试验区参加工作的,当时试验区的主要领导有王乃举、王启民、罗文钊、欧永迪,我是

改革先锋 | 129

成员之一。当时搞中区试验区的试验,主要是因为国家需要油,需要大庆油田提高产量来满足国民经济发展的需要。中区西部从1960年开始开发,开始是注水开发,在开发10年以后,暴露出来的矛盾也最充分,出现的问题也最多。

这些问题怎么解决最好?中区西部给其他的油田、其他区块提供了很多借鉴。当时,石油工业部领导、大庆油田领导提出了几条意见:不打井、不改变开采方式、不改变注水方式。在这种情况下,需要中区西部提出高产稳产的可能性,后来领导就组织成立了中区西部"六分四清,接替稳产"小组。成立以后,要求我们住在现场,也就是采油队。对我们也提出了三个结合:吃、住、办公与生产单位组结合,领导、技术人员与一线工人相结合;科研、教学与生产相结合。

这样我们就住在了基层。当时研究院调了一部分人,第一采油厂地质大队调了一部分人。我们第一采油厂地质大队的几个人住在食堂的仓库,仓库有老鼠,有虫子。屋顶是用树条做的,虫子咬完了的树条儿,就经常掉下来一些锯末儿样的碎屑。后来没有办法,大家就出去买了一些蚊帐,这样掉下来的"锯末儿"就不再掉在床上和办公桌上。我们住的还好一点,研究院的人因为是春天来、冬天回去做总结,所以他们住的更差,搭帐篷。帐篷里黑乎乎的,只有一个小窗户。帐篷的四周是床,中间是他们的办公桌。办公桌也就是两个三屉桌,中间铺一个长长的绘图板,绘图板上摆着各种资料和图纸。

当时吃得很差,穿的衣服都是蓝、黑、灰三种颜色,人都是灰头土脸的。我们当时都在食堂吃,粮食是供应的,每个月我们把定量的粮票取出来,交给采油队食堂,每个人两斤大米、四斤面、半斤油,其余的全是粗粮。食堂的菜主要是萝卜、白菜、土豆儿,冬天有酸菜,那时候采油队种菜,我们也跟着去劳动、锄草、抓虫子,秋天挖土豆儿,就这样,弄个不饿而已。

白天到井上去采录第一手生产数据,晚上再回办公室整理白天收集的资料,总结成功的经验与失败的教训,再安排好第二天的工作。

当时原油有三高:含蜡量高、含胶质高、凝固点高,所以自喷井总需要刮蜡,刮蜡过程中操作不当,刮蜡片儿就会掉到井里,井下落物必须在三天之内捞出来,捞刮蜡片儿需要用钢丝,提的过程用绞车来不及,我们就和工人一起背着钢丝满草原跑,防止钢丝打结捞不上来。我们和工人距离很近,所以气氛非常融洽,更方便了解资料的真实情况。为了能更加了解数据的真实性,我们也经常自己去取资料,采油队有个测压班是专门负责录井的,为了取准第一手资料,我们经常跟着测压班去井上测静压、流压和更换井下水嘴。

试验过程中有些重点井、重点的工艺措施,我们要亲自去盯紧。举个例子:六排17井是开采葡萄花油层的,上边是好油层含水百分之七八十,下边是差油层含水低,受上面高含水层的影响,下边低含水层就不出油了。后来我们下了双管,高含水层、低含水层同时采,上下都能采出40~50吨。

再举个例子:中四排9井上面是厚油层,下面是个薄油层,厚油层中间有个一米厚的夹层,是泥岩,上半部分不见水,下半部分高含水。后来下封隔器,准备把上、下分开,可怎么堵

都堵不住。有一次,我们从单井分析、总结中发现了一条宝贵的信息,叫深度校正值,王启民马上去请教作业队,又去地球物理站请教,搞清了深度校正值的作用。后来,我们将这个深度校正值应用成功了,单井产量由原来的30～40吨增加到了100吨。我们的工作都做得很深、很细,意想不到的事情都得考虑到。

我们在一起工作的十年里,大家都很不容易,都有家、孩子小,爱人又都上班,那时晚上还总是开会、学习,是真的难!我们常年在基层不回家,家里的担子都压在了爱人肩上,有时候他们也有怨言,有的同志的家属,闹得都差点离婚。

当时王启民更不容易,住帐篷,他腰有病,天天吃药,他的腰总是弯着的,弯了几十年,真难为他了。冬天用的小炉子,下面支三块砖头,上面放个水壶,烧开水,取暖烧水都靠它。小帐篷一住一年,冬天才能回去总结,做明年规划。

和王启民在一起,他工作起来的认真劲儿,非常值得我敬佩,也特别难忘。有一年夏天,正赶上下雨,队上安排一个采油工去井上取样化验。拿了一个取样桶,回来的时候桶没盖盖子,有雨落进去。当时需要观察井在实施了措施以后的效果,看含水是否下降了。当时王启民问:"桶有没有盖?"采油工没回答。王启民着急了,他去化验室找了个样桶,顶着大雨来回走了一个多小时,亲自去取样,那时候都是土路,雨天深一脚、浅一脚,回来裤子都湿了,脚上都是泥。他干活就是有这股劲,非常认真严谨。

还有一次,因为一个测试班报了假资料,他发了脾气。水

三 同心协力共担当

井测试仪里面要装卡片，几张卡片都是仪器画的。但是，只有一张因为测试多次不太成功，又赶上天黑了，他们就手画了一个。拿回来以后，我们发现不对劲，仪器画的是湿的，手画的这个是干的。干的这个一定是假的，对此，王启民发了一次大脾气。从那以后，报上来的资料再也没出现过掺假现象。

他的这些优秀品质，早在油田开发初期就已经在铁人精神的陶冶中形成，而且他就是凭着这些品质，不断地发现问题、解决问题。

中区西部试验区开发进入第5个年头，油田地下暴露出各种各样的矛盾。后来他发现，造成这些矛盾的主要原因是，当时采用了苏联油田开发的方法。这方法就是横切割注水，即两排注水井中间夹三排生产井。采用温和注水，使水线前沿保持均衡推进，并要求油井见水要迟，无水采收率要高。事实上这做法很快就出现了三快一突进，照搬苏联均质储层制订的开采方案，完全违背了地下实际情况，就是"注入水，在纵向上不同渗透率油层和平面上不同渗透率部位，都要均匀推进，油井见水要迟，无水采收率要高"，造成了注水三年，水淹一半，采收率不到5%的恶

先锋的话

抓住机会发掘潜力

一个人的知识和才能是很难被人完全发现或承认的，有时甚至连自己也是不知道的，但有了机会和压力，只要肯努力，就有可能把潜在的才能发掘出来，把愿望变为现实，让机会为我们服务。

果,这现象被当时的领导们认定是"定时炸弹"。他们也知道,这"定时炸弹"不挖出来,油田开采将毁于一旦!

座谈会上,康世恩听了大家的发言,他严肃地指出:"注水三年,水淹一半,采收率不到5%,水都淹到脖子上了,这样下去可怎么得了?"大家对此展开激烈讨论,摆差距,找原因,想办法。此时的王启民还只是动态攻关队的普通一员。他说,油田水淹严重,主要是少数几个高渗透层影响的结果。根据他的掌握,中区45个小层中,含水较高的只有5个,绝大多数小层尚未见水或含水很低,大有潜力可挖!不过,按照当时的开采方案自然发展下去,预测采收率只能达到20%。

康世恩非常赞同王启民的这个分析,并明确指出:在认识

▼ 时任石油工业部部长康世恩与王启民在会上

油层、分析油田动态上，我们的主要毛病是什么呢？第一，我们搞了大量第一手资料，这是好事，是什么时候也不能丢的。但只是在大量资料、大量数据、大量名词中兜圈子，看不到问题的本质。我们的认识只停留在低级的感性认识阶段，而不能通过大量的资料、大量的数据消化，再上升为理性认识。第二，我们对油田动态的认识，远远落后于实际情况。我们油田是早期注水、内部切割注水，事物已经发展了，而且注水有些太强了，可有些人还是担心注不进去，压力保不住。这与实际情况相去甚远！第三，在分析油田动态时，总是千头万绪，矛盾百出，抓不住中心，找不到解决问题的办法。第四，缺少"两分法"。我们的油田早注水存在有利的一面，也有不利的一面。但是，有利的一面是根本的，主要的，因为它保持了压力。康世恩本身就是地质学家，因而指点入木三分。

在这场分层配注会战中，井下工艺研究所的科技人员专门发明了一种"糖葫芦"封隔器，起了十分重要的作用。分层注水后，水淹问题得到基本控制，中区含水率从高达12%，下降到9%。至此，王启民提供的地质依据得到全面证实。

这是个突破，面对这一显著成果，王启民本该好好庆贺一下，可这个人有两大特点：一个是不在意功利，另一个是不知道惜命，不管自己怎样，只要井里能多产油，工作就不能停下来，此时的王启民，身体透支已达极限，可他还是顽强地坚持在现场。

谦和坚韧

> 一股韧劲,一股拼劲,来者不拒,敢为人先!

王渝明谈王启民事迹视频

王渝明,大庆油田有限责任公司副总地质师。

王渝明回忆说:从我们刚开始接触,他就是一个非常和蔼可亲的人,工作有一股韧劲,有一股拼劲。

我刚参加工作的时候,做"七五"规划。他给我们讲课,让我们学到了很多的东西。

20世纪80年代末,为了研究表外储层注水开发的可行性,大庆石油管理局在第五采油厂开展了表外储层注水开发试验。从试验区的选取到现场试验的开展,始终受到启民老总的关注。

他经常深入到试验现场，和技术人员一起看资料，分析油、水井的生产动态，研究注水受效特征，制订措施方案，使现场试验得以顺利进行。通过试验得出了"表外储层不压裂不出油、不压裂不吸水""表外储层可以注水开发"的认识，为表外储层的有效动用提供了可靠的依据。后来大庆油田以表外储层为开发对象，开展了二、三次加密，为油田的持续高产稳产作出了很大的贡献。

启民老总为人谦和，从不居功自傲。90年代被授予"新时期铁人"荣誉称号后，我们在一起开会时，常常会有人说要向王启民学习。而启民老总听到后，总是说："'新时期铁人'不是我，那个'王启民'只是大庆油田广大知识分子的代表，我也要向'新时期铁人王启民'学习。"可在实际工作中，他一向是来者不拒，敢为人先！

启民老总经常给我们讲，提高采收率是我们油田开发工作者永恒的主题，要想方设法、敢于探索、敢于试验、敢于突破。他是这样说的，也是这样做的。面对油田进入"双特高"开发阶段的现实，积极想办法、找措施，不顾自己年事已高，亲自

 王启民在试验现场

组织提高采收率试验。从驱替剂的筛选、试验区的确定到试验方案的编制，他都亲自过问、亲自把关，在油田率先组织开展了聚表剂驱油现场试验区。在试验过程中，他经常深入现场，同一线技术人员一起看资料，分析研究现场录取的各种动态数据，指导技术人员制订调整措施、方案，帮助解决现场遇到的各种问题，使试验得以顺利进行。

启民老总办事认真、讲话直率，一是一 二是二，真的是决策者的好参谋。记得公司在讨论"十一五"油田开发规划时，大家对会议提交的讨论稿进行了热烈的讨论，启民老总在发言时认真分析了规划的有利条件和不利因素，直接了当地指出规划没有做到留有余地、排得太满，存在较大风险，并提出既要积极进取又要稳妥可靠，建议加大保障措施的力度。使得规划更加靠实，执行下来达到了规划设计指标，为油田的发展做出了很大贡献。

三 同心协力共担当

薪火相传

> 王启民是值得我们敬佩的，为科技、为油田事业献身的人！

隋新光谈王启民事迹视频

　　隋新光，大庆油田驻俄罗斯石油进口项目经理，曾任大庆油田第一采油厂总地质师。

　　20世纪90年代，王启民还是大庆油田勘探开发研究院（以下简称研究院）副院长的时候，隋新光就是王启民的部下，关系源远。1993年7月，原全国储量委员会在大连召开全国石油矿产采收率研讨会，研究院决定派隋新光参加。当时，隋新光担任研究院的开发研究所副所长。隋新光，1986年大学毕业，一直在王启民的领导下工作。80年代的大学生，他们这一代人，

见多识广,拥有最前沿的信息,掌握最新的方法论,时刻准备尽快在油田做出成绩,能像他们的院长一样,为油田的发展多作贡献。这是个极好的机会,隋新光竭尽全力投入准备。他收集整理了大量的数据资料,写出了大庆《喇嘛甸油田各开发阶段采收率评价》报告。当他把报告写出来,已是下午3点。

第二天,隋新光就要去开会,他怀着急切的心情将报告送给王启民审阅,可他觉得没给院长留出足够的时间,院长也可能不会仔细看,这就拿不准自己的报告是不是能打得响,他又不好要求院长一定得看仔细,就这样,他忐忑不安地等待着。没想到,王启民晚饭都没顾上吃,一直审阅到晚上6点半。30页打印纸、两万多字,当隋新光接过报告,翻开一看,每一页纸上都留下了王启民修改过的笔迹,隋新光心头不禁涌过阵阵暖流。王启民审核技术报告认真到每一个标点符号,而且从不用钢笔、油笔涂抹,而是用铅笔仔细修改,如果有不同的看法,可以方便再改过来。这一小小举动暖透了隋新光的心!

隋新光接过报告,王启民便问:"会上你准备怎么讲?"

隋新光不假思索地说:"就按这份报告讲啊!"

王启民极为严肃:"按报告讲不行,你想,技术报告作为会议印发的材料是给与会代表看的,内容多、含量大、不精炼。而且,会议上还要给专家留出提问的时间,按材料讲肯定时间不够,也会引起视听疲劳,效果肯定不好!"

隋新光这才感到问题严重:"那该怎么办?"

王启民极为关切地说:"这样重要的会议,不可能给你很长的时间,语言要尽量简洁明了,要把问题说清楚,但绝不能面

三 同心协力共担当

面俱到。你必须准备好一个详细的提纲和幻灯片，结合片子把主要的观点讲清楚。这些观点，我都替你勾出来了，你把它搞出来。"

接着，王启民又帮他做出了图文并茂的幻灯片。临行前，王启民还谆谆告诫："一个优秀的科技工作者必须做到既能埋头搞好科研，又能撰写高水平的论文，还要能作精彩的讲演！"隋新光连连点头，将这些教诲牢记在心。大连会议上，隋新光只讲了20分钟，博得了全场一片喝彩。

隋新光带着深情厚谊，讲起了王启民。

他说：我是1986年毕业的，毕业就分配到研究院的开发研究所做油田规划工作。那时启民老总已经是院里的副总地质师，业务上他是我们的总指挥，是油田业务上的老师傅，经验很丰富。我们落实油田规划方案的时候，都要从方案的基础开始，启民老总特别强调基础研究，然后再进行方案设计。规划是宏观的、方向性的东西，而方案是具体的、用来实施的依据，必须弄清二者的关系。

那时，启民老总正做油田一次加密井的地质研究和开发设计工作，又正好是油田第二个5000万吨稳产十年的关头。当时油田面临的困难很大，特别是后续积累储量不足。他攻关的主要内容就是寻找后备储量，以弥补年产5000万吨的缺口。那时，主力油层、中低油层甚至是差油层都已经动用得差不多了，用王总的话说就是，"先肥后瘦、再啃骨头，最后敲骨吸髓"，这就到了"敲骨吸髓"阶段。启民老总立刻将目光盯上表外储层，而表外储层还刚刚认识，大家对表外储层概念是啥，

未来能有啥作用,能否真正投入开发,开发以后对整个年产5000万吨能起多大作用都是未知数。启民老总是这个项目的负责人,可见他的压力有多大!而且启民老总身体也不是特别好,在中区西部搞分层注水试验的时候,他就得了强直性脊椎炎,走路就已经很费劲了,得使劲弯腰。但是他干起活来不要命,有铁人那股劲。他工作起来不顾命,更是不管家,就那么一心扑在工作上,这就是他的特点。为了能找到后备储量,他真是拼上了!

为了搞表外储层的地质研究,最主要的是认识储层的性质,就必须取岩心,以便掌握地质基础资料。在第四采油厂打井取心时,正好赶上雨季。打井的时候都是没有路的,下大雨,车也进不去,就蹚水到油井边的小板房。那时条件差,井场周围就是个涝洼塘。现在的采油井场也是做完井以后,重新铺地垫路,然后才能通车。

那时候,启民老总就吃在那个小板房里,住在荒郊野外,很多年轻人都跟着他一起住帐篷。他和钻井工人一起生活,一起工作,非常艰苦。那时他年龄比较大,又有风湿病,在那段时间里,他的风湿病已经很严重了。可他就那么坚持着把试验区的表外储层地质研究干到最后。

开发表外储层在杏五试验区得到的认识,对整个油田来说,推动作用非常大。原来油田认识的储层都是 0.5 米以上的,这些储层都落实到储量表里,那是已经确认可以工业开采的储层。而表外储层是被排除在储量表外的,没有可开发的工业价值,就是那些废弃的储层。自那次检查井取心以后,就有了新认识,

三 同心协力共担当

▲ 王启民与隋新光促膝谈心

当然这些主要都是启民老总的贡献。

对于 0.5 米以下的表外储层,因为当时的工艺水平、技术手段都达不到那么精细,另外,一些辅助工艺和技术,诸如测井解释、固井技术也没有达到那个精度,所以在油田开发初期,并没有把这部分划为储量,很多人都认为没有工业开采价值。

在王总的鼎力倡导下,对这些储层有了全面认识,确认有四种类型的储层是可以利用的,分别是杏五井搭桥型、南三区镶边型、杏十一区连片型、北二区零散型。经过开采试验表明,表外储层通过压裂改造具有一定的生产能力,平均单井射开厚度 6.49 米,日产油 5.6 吨,可以作为井网加密调整的对象,为

改革先锋 | 143

持续稳产添加了不小的砝码。

油田的那些可采储层是粗砂,而表外储层是细砂、粉砂,渗透率很低,含油丰度比较差,油也不是连续的,每层的厚度都很薄,在0.2~0.5米以下,这部分油层开发难度比较大。通过杏五区试验,证明这部分储量还是有潜力的,压裂开发是可行的。后来核算完,全油田增加了7.4亿吨的可采储量。7亿多吨的可采储量啥概念?大概表外储层平均采收率能达到20%~25%,现在在世界上也是大油田,所以贡献非常大。另外意义不限于此,还在于认识程度和开发方案的设计上,能够把它开采利用起来,在开发方案设计上贡献就更大。表外储层和表内储层是什么关系?怎么能够有效地动用这部分储层?与表内储层怎样联合开发?怎么样才有经济效益?那时,就开始研究这部分内容。

后期二次加密和三次加密都是为了5000万吨稳产20年和30年所做的工作。大部分的认识都是那时候取得的,并依据那些研究成果来做油田开发的部署。到现在为止,对表外储层的认识仍然在使用,相当于一个基础研究。没有王总的这个基础认识,就不会有后来开发技术的进步。全面认识了表外储层以后,对油田从北到南储层连续性的认识发生了变化。原来认为储层是不连续的,通过表外储层研究以后,认识到储层薄中有厚,厚中有薄,它们是连成一片的。认识到连通以后,整个砂体之间的连通关系和隔断关系就发生了变化。也就是说我们可以布均匀井网进行均匀加密了。对油田表内储量提高采收率的作用也很大。所以,后来"八五"期间,油田设计有几个理念

三　同心协力共担当

也随之发生了变化。到二次加密和三次加密时，先是局部加密，然后是细分加密。使用厚注薄采，高注低采。因为渗透率好的、厚度大的部分经多年开发，水已经进去了，剩下的油都在薄差层里，用厚层里面的水驱动薄层里面的油，这个理念的形成，就是因为认识到了好油层与表外储层是连着的。所以我们加密的方向、方案设计的原则，去哪里找油、到哪个部位开采都有了方向。应该说表外储层的研究，不仅发现了7亿多吨的储量，而且对后期的二次加密、三次加密以及后来的接替稳产都起到了非常重要的基础作用。大庆油田在开发认识上的经验和地质研究的成果，被推广到整个中国石油。

到第二个阶段，也就是油田全面提高采收率阶段。应该说油田经历过二次加密、三次加密，到了1989年产量已没办法再继续维持在5000万吨。那时如果没有接替稳产技术，油田的产量可能很快就降到两三千万吨。国家的责任、地方的责任、企业的责任，这三大责任都需要大庆继续稳产。那时，整个中国石油年产1.1亿吨，大庆就占5000万吨的产量，相当于半壁江山。如果大庆的5000万吨没了，其他油田根本补不上，那整个中国的原油产量就可能下降。都说大庆是一面旗帜，那个时候才真正看出旗帜的作用！大庆原油必须顶住5000万吨的产量，即使要下产也得慢点减，等其他油田能够有新的储量接替，这需要一个过渡，不然国家的日子不好过。

那时正值改革开放中期，按照能源利用和使用速度，想要保证国内的石油供给和整个国家经济发展的速度，就必须得多产油、少买油，大庆油田的作用不可替代。

那时大庆油田主要工作是提高采收率，搞三次采油。1996年开始，启民老总在研究院当院长，1998—2000年，我是研究院的副总工程师。那时正在搞聚合物驱油工业性试验，到1998年，第一个工业化区块在第一采油厂中区西部已经形成。因此，有信心用三次采油聚合物驱技术来接替加密调整水驱开发技术，这一期间不叫5000万吨稳产，而是调整保持4000万吨以上，一直坚持到十年还是4000万吨以上。这一阶段，如果没有这个提高采收率的技术，恐怕大庆油田十年前的产量早就在2000万吨左右了。

启民老总在后来的提高采收率技术研究里，继续发挥着重要作用。2000年，我调到第一采油厂任总地质师，启民老总调任大庆油田机关任副总地质师，他是我的直接上级，工作接触更多。那时在第一采油厂开展的试验特别多，聚合物表面活性剂研究从2005—2015年，我们在一起摸爬滚打了10年。一项技术研发很困难，非常不容易，不花点心血、拿出点硬功夫，想要将技术变成生产力不太现实。1996—2005年，油田聚合物驱推广速度非常快，9年的时间里，聚合物驱的产量达到了1000万吨。可这1000万吨带来了一些问题，油田里的污水问题解决不了。原来都是用清水来做驱油介质，现在采出液里聚合物达到一定浓度，影响了水质。水处理不好，回头再用这些水来配置聚合物就很难。但是从安全环保的角度，又不能把它排放在外面。如果能有一种办法，就是找到一种聚合物，能和油田采出的污水相匹配，然后再注入地下，循环使用，这样，问题就解决了。这种聚合物需要具有抗盐、抗剪切、杀菌等作

三 同心协力共担当

用，这种聚合物必须是"特种兵"。

普通的聚合物注进去以后遇到钠、钾、钙、镁等离子以后，它们就像刀一样把聚合物给剪断了。这时，启民老总就带着一个团队进行攻关，这个团队人比较多，有研究院搞三次采油的，加上我们第一采油厂搞矿场试验的，还有化验室的、外部企业的、中科院的杨海科、牛津大学专攻高分子药剂研究的。这些人组织在一起，先从理论研究入手，研究能不能找到这种分子结构。2005—2008年，三年主要进行了基础研究工作，第一批聚合物拿过来不好用。科研团队要想成功需要一个始终能坚持、不放弃、失败中顶得住的人，启民老总就是这样的人。他具有

▲ 聚合物表面活性剂实验

▲ 王启民与外国专家交流

坚韧不拔的精神，失败了不认账，每当团队有人提出放弃，他就把大家组织起来坚持攻关，他是这个攻关团队里最核心的人物，起了决定性作用。经过千百次的试验仍然不放弃，最后终于研究出了新型聚合物。2008—2012年，三类油层采收率提高了12个点。

像启民老总这样为油田科技、为石油事业献身的人，确实值得我们学习和敬佩，他的精神应该一代一代传递下去。他没有私心、从不骄傲；他是铁人，从不懈怠；他是油田领导，但一点儿官架子都没有。他获奖无数，殊荣不断，但从来都不睡在功劳簿上，而是在平凡之中，做着非凡的贡献！

三 同心协力共担当

甘为人梯

> 关心年轻人，培养青年科技人员，他们就像群星一样，撒满油田的各个角落。

刘春林谈王启民事迹视频

刘春林，大庆油田榆树林油田总地质师。

曾在王启民身边工作，提起当年的王总，他依然敬佩有加，在他眼里，王总是风采依旧。

他满怀崇敬回忆道："王总是我非常敬重的前辈，我参加工作时，王启民前辈担任研究院副总地质师，1986年，我在研究院开发一室矿场试验研究组，从事大庆喇萨杏油田表外储层开采评价项目研究，我参与并负责现场试验。"

这一年是大庆油田第二个年产5000万吨稳产十年的开始，

却面临着加密调整、单井产量下降、套损严重等一系列问题。

喇萨杏油田表外储层虽然质量差，但体量大，为了增储稳产，也不能等闲视之。近 7 亿吨的表外储量如何处理、如何解决，尤其急迫。王启民老总开始组织攻关，对上千口井进行了摸查评价，先行打三口试验井，因固井不合格、窜槽等原因，导致试验失败。对表外储层的开采可行性，上下本着负责的精神，争论激烈。

王启民老总牵头开展杏五区、南二三区、杏十一区以及北二区四个试验区的试验，用实践来评价表外储层。

通过精细地质解剖研究，认识到表外储层的地质特征有不同的类型和分布特点，纵向上有厚有薄；平面上有稳定的大面积分布的，也有局部小范围的存在，关系错综复杂，有独立成型的，也有不同连接特点的。1986 年下半年，在杏五区打了

◀ 细致观察表外储层岩样

三 同心协力共担当

7口取心井及检查井，详细评价岩性、物性以及含油性，并在杏五区开展了19口井的矿场试验。王启民老总非常重视现场试验，强调实践认识的重要性，带领并指导我们录取岩心，观察与描述岩心，比较各类油层水淹差异，编制射孔试油及试采方案。

为录取气举试油第一手资料，我们住在第四采油厂二矿的职工宿舍，吃在食堂，常赶不上饭点，就买点方便面等食品充饥。王总他善于融合，充分利用井下、采研、测试、采油厂等各方面的技术进行合力攻关，为这类储层早日被利用，寻找技术和方法。

杏五区表外储层开采试验，试油取得的认识是自然产能低，无工业开采价值，但限流法压裂后，取得较好的产油能力。开采初期效果很好，但过了半年以后，有一多半采油井含水上来。甚至，达到100%而不出油了，高涨的热情被浇了一盆冷水，王启民老总说，我们不能被眼前的现象所迷惑，更不能退缩，得抓紧查找原因，待情况清楚后方可下结论。

于是，生产测试研究所对19口井均进行了声波变密度测井。还进行了射孔前、射孔后、压裂后固井质量的对比，定量分析射孔及压裂对固井质量的影响。通过这些验证，发现高含水是因固井质量问题，导致纵向窜槽所致，马上找到采油工艺研究所，进行了氢凝堵水。经各系统联合攻关和治理，采油井含水下来了，产油恢复了正常，表外储层开采特点得到正确认识。

为深入认识表外储层在开采中的作用及产油能力，先后开

展了四项表外储层开采试验：杏五区稳定分布型表外储层开采试验、南三区交互分布型表外储层开采试验、杏十一区三角洲外前缘相形成的连片型表外储层开采试验、北二区镶边搭桥型表外储层开采试验。试验表明，表外储层通过压裂改造具有一定的生产能力，平均单井射开厚度 6.94 米，日产油 5.6 吨，可作为井网加密调整的对象。

另外，开展二次加密调整试验为油田全面调整提供依据。先在北三东开展二次加密试验，面积为 1.8 平方公里，层位是萨尔图油层，布井方式为行列井网，排距 300 米、井距 200 米，新打井 25 口。之后又于南六区实施五点法井网加密试验，仍选择萨尔图油层，4.0 平方公里的面积，井距为 250 米，新打井 44 口。

二次加密的调整对象是未动用及动用差的薄差油层，并采用均匀布井选择性射孔的作法。试验区平均射开砂岩 10.3 米，有效厚度 3.8 米，日产油保持在 10 吨以上，采收率提高 3.9 个百分点。二次加密试验的成功，为二次加密调整提供了实践依据。

此后，油田钻井队伍时不我待，于喇萨杏油田依次摆开。经过王总在试验区 7 年的试验，直到 1991 年才正式实施二次加密调整，累计钻井 17000 多口，进一步增加了油田的可采储量。二次加密井年产原油保持在 817 万吨，累计采油 5288 万吨，为第二个稳产 10 年发挥了重要作用。

20 世纪 90 年代初，大庆油田开展"攻三难、过三关、一推进、保稳产"的科技攻关，并取得了一系列突破，为大庆后续开发奠定了技术基础，这里王启民老总牵头负责的油藏描述、水淹层判别、隔层标准及开发调整技术，均获得了创新发展。

带着永不言弃的劲头，通过持续深入的试验研究，终于啃下了杏十一区钙质粉砂岩表外储层这块硬骨头，找到了不同地区、不同特点表外储层的开采方法。把这7亿多吨储量变成了持续发展的物质潜力。大庆油田表外储层开采评价研究获得中国石油天然气总公司1992年度科技进步一等奖。

王总关心年轻人，培养年轻人，给年轻人压担子，并指导年轻人，就连平时见面聊天，几句话就转到油田开发上，他思维敏捷，用形象的语言让你记住大道理。比如，为了让我们明白表外储层，他说表内储层和表外储层的关系就如同树干和树枝。很形象，大家一下子就明白了。

抓油井产量从水井入手，水井的调整要从油井中看效果，调整要点，言简意赅。在他身边也总能感受到鼓励、信任和温暖，总能受到教育，学到很多。

王总为人谦虚、阳光，总是带给别人正能量，凡事都能做到耐心商讨，不强迫别人，更没有官僚及学霸的作风。使我们敢于发表自己的看法，因此他的团队很有创新精神，继承了他那种"莫看毛头小伙子，敢笑天下第一流"的精神，形成了今天的超越前人，超越权威，超越自我的"三超"精神。

仅就开发一室而言，就涌现出黄伏生、郑兴范、吕晓光、程宝庆、陆会民、付志国、张善严等众多年轻的专家，他们在石油开发事业上，做出了可圈可点的成绩。

我们学习王总就是要学习他的爱国情怀，他时刻都把祖国

的需要放在第一位,为国家开采更多石油是他一生的追求,他有神圣的责任感,老骥伏枥,永不停歇。如今 80 多岁,他还在攻关研究新型的驱油剂,拓展新的开采技术,他的这种精神教育和鞭策着我们,永不停步。

三 同心协力共担当

言传身教

> 淡泊名利,深藏幕后的无名英雄!

陆会民谈王启民事迹视频

陆会民,大庆油田勘探开发研究院院长助理,科研管理部主任。

我是1986年毕业到研究院工作的,王总当时是研究院副总地质师。1987年,在王总全力以赴规划油田大规模二次加密之际,油田出现了几个成片套管损坏区,而且是极短时间内油水井套管成片损坏,严重影响油田的正常生产,这种套管成片损坏,当时在油田被誉为"癌症"。王总心急如焚,为了尽快摸清损坏原因,安排好院里的工作后,王总就组织了一个现场调研

组,我有幸跟随王总到现场参加调研。

我们首先去了套管损坏面积大、数量多、损坏较为严重的第一采油厂中区西部。我们直接深入资料室查看第一手资料,和采油厂的技术人员深入讨论,重点的井王总就带领我们到井场核实资料。为了节省时间,王总决定大家中午不回家,抓紧时间进行调查。大家都忙碌了一上午,既冷又累,都想吃顿热乎乎的中午饭,然后再找个暖和的房间好好休息一下。可王总不想麻烦采油厂的同志,就带领我们在路旁的小吃部吃口饭,饭后就在友谊路的过街桥下避风。东北4月的天气,冷风嗖嗖,寒气袭人。王总看到大家被寒风吹得直哆嗦,就鼓励大家说:"现在不是我们讲享受的时候,而是要尽快摸清套管损坏的原因,找出解决问题的办法",还带头领着我们在桥下一边避风,一边讨论问题,就这样我们度过了10多天有意义的中午。

第四采油厂同样是套损的重灾区,在全面调查了第一采油厂情况之后,王总又马不停蹄带领我们深入第四采油厂进行现场调查。由于距离现场比较远,为了提高工作效率,王总决定住在第四采油厂。当时采油厂没有招待所,我们就在附近找了一家个体小旅店住了下来。这家小旅店条件极差,走廊的窗户没有玻璃,地面不仅坑坑洼洼,还湿漉漉,踩上去直粘脚,被褥也潮乎乎的,还散发着浓浓的霉味。我们几个随行的年轻人嘀咕着:"简直像个地下室,这可怎么住啊!"王总听后耐心地解释说:"这里的条件确实很差,可比起会战初期住的地窖子要好多了。这点困难算得了什么呢?会战那时若有这样的房子住得乐死。这里离资料室近,工作起来方便,能提高工作效率。"

三 同心协力共担当

就这样，王总带领着我们调研组，在狭窄、潮湿、昏暗、阴冷的小旅店住了一个多月。每天早晨7点钟起床开始工作，一直到晚上11点钟以后才能休息。为了节省时间，我们白天到第四采油厂地质大队查阅资料，晚上便将查阅好的资料带回小旅店进行研究。

由于工作繁忙，加上房间阴冷潮湿，晚上又得不到充分休息，年过五旬的王总又犯了脊椎炎、关节炎，疼得站不起来，为了减轻些疼痛，王总就一边捶着腰腿，一边坚持工作。

由于卫生条件差，我们常常半夜被虱子咬醒。王总半夜起来和我们大家一起捉虱子，王总不但不觉得烦恼，反而风趣地回忆着当年石油大会战的历史情景，给我们讲发现虱子煮衣服的故事，对我们青年技术人员进行大庆精神的教育和熏陶，我们是感同身受，受益匪浅。

通过近3个月的现场调研，王总带着我们基本查清了套管损坏的原因。经过与现场结合，提出了具体的防范、整治措施，油田套损的趋势得到了有效控制。

还有一件事，可以说全油田人都记忆深刻。

王总获得了中国石油天然气集团公司首届铁人科技成就奖金奖，奖金10万元，这个奖金是奖励给他个人的。大家都觉得他当之无愧，这个奖金应该给他个人，但是他坚决不要。他说这个荣誉是大家共同取得的。而且油田技术要不断进步，要依靠一代一代年轻人继续去攻坚啃硬，不断创新。他力排众议，把这个奖金留在院里作为奖励基金，去培养和鼓励年轻人持续技术创新。这对青年人的培养和进步起到了很大的作用。

王总在工作中非常"较真",非常细致,堪称"绣花"。

油田的井有十多万口,每口井都有上百个含油层,在这些海量数据里,要想得出油田开发的规律,在当时技术条件下难度极大。他就牺牲晚上、节假日的时间,带着油田急需解决的问题,带领大家用绣花的功夫从大量数据中分析寻找规律,指导油田科学开发。

王总非常善于总结、分析、归纳。

中区西部现场试验那么庞杂,经过他实践的总结,得出了"分步布井,接替稳产"的规律。稳油控水,王总从油田复杂的地下状况,总结出了"三分一优,结构调整"的开发方针。

三 同心协力共担当

榜样力量

> 深入学习,深入一线、深入群众,深入基层,直面现场,他把自己当成一名普通的科技人员,每天坚守在科研的第一线。

王洪卫谈王启民事迹视频

王洪卫,大庆油田开发部副主任,曾任第一采油厂试验大队大队长。

王洪卫回忆说:在试验大队期间,正值油田实施三次采油试验,每天都能看到王启民老总深入现场,研究试验他所主导的新型聚合物驱油技术。王启民老总的认真专注、精益求精、事必躬亲,都给我留下了深刻的印象,以王启民为榜样,是我终生的追求。

王启民老总对我们青年科技工作者的影响非常大,他被评

为改革先锋,这是我们石油人的骄傲,是大庆人的骄傲,更是我们年轻一代科技工作者学习的榜样!改革先锋来自各行各业,王总获得这个殊荣,是国家对石油战线的一个认可。

王启民老总特别肯钻研、善钻研,他在基层做过很多的现场试验,录取了大量的基础资料,在试验过程中,除了经常性地反复跑到现场,他还不厌其烦地给我们现场的工人讲解试验原理和效果,录取资料数据的重要性,获取样品实证的必要性。对于某些样品,他是爱不释手,反反复复地观察分析。

◀ 王启民与青年科技工作者一起研究地质

三 同心协力共担当

2005年，王启民老总在萨中开发区曾经做过一个新型聚合物驱油的先导试验，这个试验的效果很好。后来陆续开展多个现场试验，到现在也有十八九个年头了。新型聚合物的研究着重在它的功效，既要解决污水配制问题，还要解决驱替中的三大矛盾，开始，大家都认为这是异想天开！为什么呢？因为国内外的专家教授都已研究过，不可行，是被放弃的东西！经十几年的艰苦攻关，硬是就给研究出来诸多成果，取得了突破性的进展，把

先锋的话

创新者

创新者要有坚强的心理承受能力，要有坚韧不拔的意志，能够承受失败与挫折。从某种意义上讲，在创新道路上，坚韧的意志比优秀的学习还要可贵。学习好的人容易找，而意志坚强的人难求，学习好、意志坚强的人是真正的创新人才。要有坚强的心理素质，不能把失败当成痛苦和打击，而把它当成一个过程。只要创新的思路正确，就一定能够成功。

▼ 科研工作会

不可能的事变成可能！这就是他一贯秉持的铁人精神！每项科研成果的成功，从试验到推广，再形成生产力，需要一个很长的过程，而在这一过程当中，王启民老总和他的团队耗费了大量的精力，做出了很大的贡献！这些，特别需要我们今天年轻的科技工作者学习和传承。

王启民老总认为，创新是科学研究的灵魂，需要科学冒险和执著的探索精神。油田每一个需要，他都超前研究，执着探索。他把一生的奋斗目标，锁定在开发好大庆油田的事业上。他始终如一，不讲条件，不怕困难，艰苦奋斗，在开发大庆油田的格局中锻炼自己，砥砺成长，一干就是五十多年！这个"三不"动摇实际上体现了一种大情怀、大热爱，对油田稳产、振兴发展、可持续发展的一种精神、一种投入、一种热爱、一种情怀，年轻的科技工作者要前赴后继地投入其中。

> "三不"动摇
> 不当院士
> 不当博导
> 不离开大庆油田

他用一生的坚守，为油田赢得了连续27年年产5000万吨以上的奇迹！

头台油田和榆树林油田同属外围油田，可以说都不是王启民老总的关注重点，可他对这两个油田的情况却了如指掌。省领导要了解这两个油田的产能情况，王启民老总都能说的清清楚楚。

一次汇报会议结束后，省领导对报告提了些意见，王总便按领导的意见进行了修改。由于改动较大，报告需要重新打印。当时已是下午的6点钟，他驱车在哈尔滨寻找印刷厂。连续找

三 同心协力共担当

了几家,由于时间已晚,有的已经下班,有的说印不了,只有一家答应给印,但须交加班费,开价是35000元。这一天价让王总吓了一跳。在研究院印,顶天儿也就是几千块钱。于是,王总下意识地喃喃:"太贵了,真是太贵了!"厂家便一再开导:"公家的事嘛,何必那么认真!"王总对这话极为反感,于是转身便走,决定回大庆印。

当时已是阴云密布,要下雨的样子,司机担心地说:"王院长,要下雨了,怕是第二天开会,咱们赶不回来!"

王总说:"不吃饭、不睡觉,也得赶回来!"他迅速到一个电话亭,给研究院出版室打了个电话,将情况交代清楚,便上车往回返,此时,已是晚上8点零5分。半途,天下起了雨。雨夜茫茫,天地一色,当汽车艰难地赶回研究院,已经是凌晨了。

王总安排司机先休息,自己同打字员一起,将报告改好,打印装订出来。此刻,东方已露出了鱼肚白。于是,他带着尚散发着墨香的报告,又踏上了回哈尔滨的路……

四 铁骨柔情真豪杰

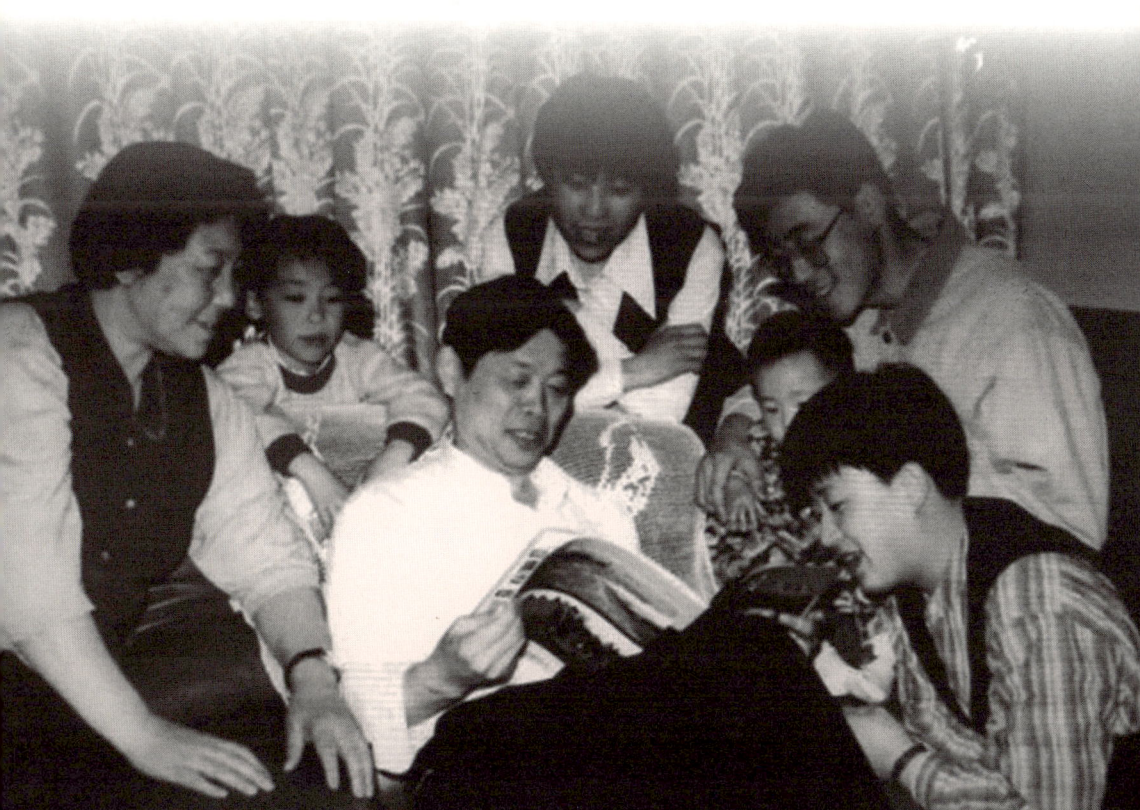

四　铁骨柔情真豪杰

苦难童年

> 生于乱世，长于苦难。他的成功之路一路荆丛！

正当第二次世界大战如火如荼地进行的时候，国人对石油影响力的认知日见深刻，一个与石油有着不解之缘的人降生了，这个人就是王启民。

为什么是不解之缘？大庆油田是1959年9月26日发现的，而王启民出生于1937年9月26日！这两个诞生日如此巧合，令王启民感慨不已。后来他认定，自己是大庆油田之子，他生来就是为了开发大庆油田的！以此，他确定了一生的目标和方向。他用了终生的时间和努力，去寻找油田开发的金钥匙！而他的成功之路却是一路荆丛！

就在他出生前的81天，这一天是1937年7月7日，日本发动了震惊世界的"卢沟桥事变"，在长达八年的苦难岁月中，王启民完成了他由幼年走向少年的蜕变，在他幼小的心灵深深刻下了侵略者的残暴，那时他当然不会意识到，这群杀人的恶魔很重要的驱动是觊觎中国的丰富资源，当然更不排除世界为之疯狂的石油！王启民在讲述他人生第一课的时候，总是说：他很小就记事了，最早的记忆就是为了躲避日本人而逃难，从一个地方逃到另一个地方，从一座山逃向另一座山，还有饥饿，

除了饥饿还是饥饿。更有飞机大炮、长刀短枪……

王启民出生的地方位于长江三角洲——杭嘉湖平原的湖州，属浙江，向北数里便是江苏，那里有一处很有名气的水域——太湖。湖州的南面是莫干山，相传春秋末年，莫邪、干将夫妇被吴王阖闾所召，在此铸剑，剑成身亡。后人以其名为山，盛夏凉爽如秋，为避暑胜地。山多修竹，清泉云雾缭绕其间。剑池、荫山、天池、天桥于四周坐落，大有"参差楼阁起高岗，半为烟遮半树藏"之韵，更有"百道泉源飞瀑布，四围山色蘸幽篁"之胜。如若立足湖州放眼东望，又可神驰东海、历数杭州湾，真是山、河、湖、海风韵占尽！浙江历来是名人辈出之地，鲁迅、秋瑾就是浙江人。

不过王启民的父辈并不是名人，每当回忆自己的身世往往低调得有些沉郁。他家的祖屋在埭溪茅坞街18号，祖父是个精明能干的人，不仅有很多地，还开了间杂货铺，膝下生有二子，长子王古凡，次子王滋凡，后改名为王惟遂，这便是王启民的父亲。父亲从小得了小儿麻痹症，落下了终身残疾。长大成人后，也不得不挂着双拐走路，可父亲身残志坚，无法经营土地和店铺，便发奋读书，对古文历史尤为精通，靠着自学自勉有了相当的文化，于是在中学当了教师。

日本侵略之前生活还过得去，日本入侵后一切都破碎了。抗战期间，汪伪政权要他父亲出来做事，民族气节极为坚实的父亲不愿与恶势力同流合污，毅然回到家乡的道场山万寿寺，在湖州的简易师范任教。父亲腿有残疾，出门就得挂拐杖，是上不了战场的，他唯一的武器便是教书。关于故乡的记忆，对

四　铁骨柔情真豪杰

于王启民来说完全是错位的，他居然觉得他是出生于莫干山，而不是湖州。因为当他有记忆后，人生中最早的画面，就是父亲带着他们，从一个地方逃到另一个地方，从一座山逃往另一座山！的确，那时他们一家人正在莫干山一带避难。

那时他还很小，弟弟就更小，逃难路上得由母亲抱着，父亲走平路尚且十分艰难，走山路就更加吃力，其行进之难可想而知！更为严重的是没有吃的，一家人经常挨饿，不得已全家都得去挖野菜，他说他很小就懂得如何挖野菜，哪些野菜好吃，哪些野菜不能吃，老早就烂熟于心。

身居深山老林，吃糠咽菜，孩子们不可能不生病，生了病也只有熬着，没钱治，也没人给治，终于哥哥在病魔中倒下了，无医无药，更没吃的，持续不退的高烧令哥哥在痛苦中挣扎，眼睁睁看着一个活泼泼的小生命走到了尽头。对此，母亲毫无办法，只有绝望的心碎和涕泪，慈祥的母亲怕死亡的阴影给其他孩子带来伤害，在大儿子快死的时候将王启民支走，让恐怖和悲伤留给自己。年幼的王启民在走出房屋后，似乎意识到了什么，一出门便倒在地上，那也许是幼年王启民对悲痛最早的体验。

一个儿子被病魔夺走，母亲不能再眼看着悲剧重演，最小的一个男孩，王启民的弟弟只能择家好人送走了，这一幕对王启民的刺激又是一个生离死别，王启民说他对这幕的记忆尤为真切。弟弟是被母亲抱着送到人家的，母亲抱着弟弟在前面走，王启民紧紧跟在母亲身后，一路走一路歇，那是母亲有意拖延时间，好让这个小儿子在自己的怀里多待一会儿。王启民看着

母亲一路流着泪,那种肝肠寸断的痛楚至今挥之不去。最令他心碎的一幕,是母亲把怀里的弟弟放到人家起身就走,弟弟放声大哭,小小的人儿哭得那么撕心裂肺。于是王启民也跟着大哭,不得已母亲又返回来抱抱弟弟,这样一连重复几次,母亲终于不敢再回头,毅然走了。王启民跟在后面也不敢再回头,就这样母子离散,兄弟长别。

埋葬了大的,送走了小的,王启民和另一个弟弟、一个妹妹留下来,同父母一起艰难度日。后来妹妹因骑自行车摔伤,又掉到水里受了凉,还是因为没钱医治,留下了终身残疾,腰弯成90度。好在王启民还有个健康的弟弟与他做伴。

父亲一直找书教,这既是他的抗日手段,也是一家人糊口的基本保障。父亲每找到一个教书的地方就离开家,在王启民的记忆中,父亲常常是一去不返,好久好久不见人影,如果一时捎不回来钱,一家人的生活就会陷入绝境。那段生活让王启民记忆最深的就是饥饿,还有盼望父亲的回归。父亲对孩子们要求很严,几乎到了容不下一粒沙子的地步。有一次王启民在别人家里拿了几块树皮,这树皮晒干后可磨成粉,打成团、蒸熟,便是美味的食品,父亲便带着王启民去向人家道歉。还令王启民在窄窄的扁担上跪了两个多小时,从那王启民便惧怕这个严厉的父亲,这倒为日后王启民的成长打下了一个良好的基础。父亲很在意文化知识的教育,王启民日后学习成绩一直遥遥领先,初、高中连连跳级,这与父亲的严格管教是分不开的。当年,年幼的王启民对这些严酷的生活很不理解,常常独自一人在角落里苦思冥想,当然,那时的王启民是想不出所以然的。

四　铁骨柔情真豪杰

第二次世界大战结束，王启民也从苦难的幼年长成了少年，可这并没结束他的苦难生涯，三年解放战争带给他的依然是战乱，依旧是炮火。直到1948年他才开始读小学。这样的经历、这样的苦难，对日后的石油专家可以说是最深刻的启蒙，因而王启民的民族荣誉感是深藏骨子里的！

王启民意志力很强。

对于早期的贫困、饥饿他可以全然不顾，他坚信，这样的苦日子绝对会随着他年龄的增长而得到改善。他坚信，当他有力量去耕地或是去做工，这一切都会得到解决。因而，他常悄悄对泪眼模糊的母亲说：妈，别伤心，你一定要耐心等我长大啊！我会给家里赚很多很多钱，一定让大家都吃上好饭，你看我多有力量！说着攥攥拳，拍拍胸，那份强力、那份坚定，真就给了苦难中的母亲无限的期待。母亲的忍耐、一家人的期待，也都在王启民的坚定承诺中得以轻松延伸。他不但只是说，更有上等的表现，每次挖野菜，都是他挖得最多最嫩，家务活都是他干得最快最好。小小年纪的王启民，就已经是个攻坚啃硬的行家，无论是改建炉灶，还是修整门窗，父亲不在的时候，都是他想方设法将这些"大事"办理得妥妥帖帖，还是小小王启民的时候，就开始从不说"不"！ 这也许，正是铸就未来铁人精神的第一粒种子！

王启民求知欲极强。

王启民生来不善言谈，但绝不是他没有演说天分，而是他生怕说出些不得体的话。因为错误的话、无知的话，会贻笑大方，这是父亲在王启民懂事后就灌输的原则，父亲常常谆谆教

导,知之为知之,不知为不知,是知也!父亲还教导说,致虚极,守静笃。归根曰静,静曰复命。复命曰常,知常曰明。不知常,妄作凶。知常容,容乃公,公乃全,全乃天,天乃道,道乃久,没身不殆。为了不使自己贻笑大方,为了能在人前出口得体,在父亲的"经史子集"中,王启民率先弄通了中国式的人生观,诸如"仁义礼智信";诸如"学而时习之";诸如"道大,天大,地大,人亦大。人法地,地法天,天法道,道法自然";诸如"有无相生,难易相成,长短相形,高下相倾"……哲学的、伦理的、自然的、社会的,虽不是各成章法,却已是无所不含。此后,他一发不可收,凡是他不懂的,他会千方百计去弄懂,他没学过的,他会千方百计去学会。学得越多,他就越自信,懂得越深层,他就越豁达,禅悟般的定力,将他毫无悬念地推向求索之路!

王启民极为智慧颖悟。

智慧是一种能力,是一种辨析、判断,发明创造的能力,是认识理解客观事物并运用知识、经验解决问题的能力,包括记忆、观察、想象、思考、联想、决策等。这种能力,先天条件的比例大一些,后天条件只能是对这些能力有所促进、发掘和深化。王启民的智慧颖悟体现在他的观察、联想、辨析、判断,因而他的思维呈多维、多层次。王启民很小就从不以点性思维思考问题,他认为,每一件事都有诸多因素在起作用,单考虑一种因素肯定会失于偏颇。比如家里穷,绝不是只因为父亲身体不好,大背景的社会动乱才是最主要的因素,因而,他从不抱怨父亲,而是把账记到日本侵略军的头上,从而滋生出

四　铁骨柔情真豪杰

富国强民的信念，于是派生出努力学习、报效国家的决心。这也正是日后的王启民为什么会在中区西部试验区一蹲就是十年，而无怨无悔；为什么会在大家对表外储层摇头的时候，他却能耐心地等待，终于多奉献了7亿多吨的储量！也许，这也正是奠定未来一个油藏工程专家的最初思维方式！

王启民深怀一颗美好的心灵。

王启民从不用坏眼光看人，很小的时候，他就只记着别人的好。受了委屈，吃了亏，他总是先检查自己。冤家宜解不宜结，这是父亲的教导。在难解的矛盾中，他若是在大人面前说对方些坏话，也许对方就会得到应有的惩罚。每当这样的关头，他就会张不开口，于对方不利的话在嘴里转来转去，怎么也说不出来。就这样，亏还是自己吃！这也正是王启民在未来的科研之路上，能坚韧地面对不公平的否定，坚韧地等待着，等待用事实去说明一切的宝贵品格！永恒的快乐正是源自一个人的美好心灵，美好的心灵又取决于心灵的力量。欢愉的气质、善良的心地、明晰的头脑、优雅的个性……这些美好的品格，既无人能给予也无人能夺走，即使在完全孤独的时候，也会沉浸在美好的遐想中，其乐也无穷！这正是伴随王启民终生的美好品格。

勤奋少年

> 一个安静、有条理、有耐心、不知疲倦的少年!

父亲对王启民的评价

他是一个安静、有条理,更是一个耐心、不知疲倦的孩子。有些墨守成规,但很公正。能听取意见,但要改变他的观点是很困难的。由于他稳重、靠得住,将来会得到权威人士和领导的信任。哪里有困难,哪里就会有他,但要小心谨慎,不要太抢前,那会遭致小人的忌恨。

王启民的人生奠基是紧迫的、战斗的,12年的基础教育,他只用了9年。在高度挤压式的知识积累中,王启民的聪明才智得到了全方位开发。这无论是在思路的拓展或是在思维方式多元化上,都是不可多得的历练。

父亲也曾极中肯地对他评价,并被父亲言中了,日后,他确实遭致了众多非议和反对,是不是就是因为太张扬、太抢前?更有明眼人对他这样点评,他不屈不挠的性格和逻辑很强的头脑,被沉默寡言所掩饰,聪明灵巧的天性和足智多谋的潜质,被高贵和矜持所遮盖。看上去他沉静内向,但他强有力的本质,会使他在机会来临之时,立刻成为威严、雄辩的演说家!他临危不惧的品格会让他在混乱

四 铁骨柔情真豪杰

时刻瞬间跃上制高点,居高临下控制住势头,重新使局面秩序井然!既然大家给他定了调,那他就耐心等待,认真历练,再加上"因势利导"!尽快去除身上的毛病,成为一个有用的人。

1951年,王启民一家在建国初期属于被联合对象,虽不属于被依靠系列,但国家主人的荣耀还是跃然心中,于是满心欢喜,满脸欢愉,充满着积极向上的主人翁态势。尤其是1951年2月,父亲王惟遂被调入湖州中学任初中语文教师。从此,家里有了稳定的收入,一家人再也不用到处流浪,吃糠咽菜或是吃了上顿没下顿。

这时的王启民已出落成一个聪明伶俐的翩翩少年,尚且稚嫩的心终于摆脱了深山老林的困顿。一颗出人头地、建功立业的种子正是在这时植进了他积极奋进的心,求知欲也随之空前旺盛。

回城后,感受的第一件事就是同龄的孩子们都已经上了中学,他才只上到小学三年级,于是陷入空前的郁闷,一张天真活泼的小脸挂满了忧郁。

敏感的父亲自然不会放过这些微小的变化,便试探着询问,"小二呀,翻身解放了,大家都欢天喜地,你干嘛老是愁眉苦脸的?"

"人家都上中学了,我才读小学,每天走在一起多没面子!"王启民理由充分,"我怎么才能赶上他们呢?"

父亲一听儿子如此上进,心中暗自高兴,但又怕儿子缺少长劲,于是使下激将法:"那没关系,爸爸是中学教师,你先在家跟爸爸学,等有了基础咱们再跳级。能不能赶上他们,就看

你的努力了！"

王启民兴高采烈："努力没问题，那你得告诉我怎么努力！"

父亲便布置了一大堆课业让王启民预习，当然尽是些"四书五经"或是"孔孟老庄"一类，仍然是"经史子集"的灌注。那么深奥的东西，对于启蒙时代的王启民自然是一道难关，看了许多字不认识，背了许多话不理解，非常枯燥，难怪父亲常说一个人成才不容易。

可背不出来，父亲就发火，还挖苦道："就你这样的烂记性，还想上中学？最基本的东西都背不下来，哪谈得上理解！"

王启民据理力争："都新中国了，实行的是新教育，谁还去读这些老古董？语文只是课程的一部分，古文又是语文的一部分，现在是数理化了！学好数理化，才能走遍全天下！"

严厉的父亲一听也有道理，当时社会正流传着"学好数理化，走遍全天下"之说，况且超英甩美也正是靠数理化，于是又一次激将："你只有小学三年级的底子，能跟上中学的课程？"

"试试嘛，我都13岁了，那么点事都做不来，将来还能有什么出息！"王启民一板三眼，出示自己的决心。

父亲听到儿子如此上进，心中自是欢喜不已，但还是担心儿子跟不上。可王启民在说试试的时候，目光却是那么坚定。于是父亲又试探："小学的课你还有那么多没读，这基础就不牢！"

王启民斩钉截铁："白天上中学，晚上回来读小学，三年下来，初中读完，小学也读完，基础不就牢了！"

父亲见儿子如此坚定，终于答应帮儿子进中学。靠着自己是中学教师，好歹将只有三年级文化的儿子带进了初中课堂。

四 铁骨柔情真豪杰

　　王启民以他小学三年级的底子一跃成了中学生！这是他第一次跳级。那个年代跳级可是有大能耐的孩子，因而赢得了大人的赞许、同学的羡慕。王启民的自信心有了大幅度提升，学习有了动力。随之自控力、理解力、认知力都连带着不断提高。渐渐地，他的学习入了门。小学的数学一进入代数范畴，那可是如扫千钧，很快搞定。小学课程完全不必再学，只是语文似乎缺了一大截。这时，父亲的"经史子集"起了作用，那么深奥的东西都能读懂，现代文还算什么？

　　一天两天，一周两周，智慧之花次第开放，王启民当时尚意识不到自己属于逻辑型，当他一接触到数理化，智慧之门便豁然洞开，一切似乎都顺理成章，一切都似曾相识。小学三年级后，王启民上了初中，初中没毕业他又跳进了高中，这是他第二次跳级！他生怕基础不牢，于是就拼命地补习，学着高中的，补习初中的，没日没夜，真正做到了两耳不闻窗外事！

　　1956年，王启民高中毕业，同时面临高考，该是选择他攀登之路的时候了。如何选择志愿这是个问题，由于当时王启民一家依然比较贫困，念清华、北大一类的高校费用较高，而且对家庭成分，更确切地说对政治条件要求是相当严格的，在政治标签绝对醒目的年代，王启民一家就不那么幸运了！他既没有高干的亲属，又不是响当当的革命世家，这就决定了王启民与清华、北大一类高校无缘！

　　既然与清华、北大无缘，那与谁有缘呢？这引起了父亲的高度关注，因为他是家中唯一的知识分子，除了学问高，对国家的形势也最了解。于是开始查阅，他一下子就查到了北京石

油学院。这个学校1953年刚刚成立,学费又最低,多好!这样的学校,报考的人一定不多。父亲心中率先锁定,于是,继续查找以进一步了解关于石油的事。

父亲此前就认识到,只凭满世界的农民意识和只满足于识几个字的群盲,去面对未来的英美强国那是非挨打不可。不过,就当时的平民思想,王启民的父辈当然意识不到,世界局势的动荡仍源于对资源的争夺,石油的战略地位,正在日益深化。

好在王启民的父亲是个小知识分子,对国家的命运处境怀着深切的关注,茶余饭后,他将这些信息讲给家里人听,王启民一家对石油有了初步的认识。

从查阅中王启民的父亲了解到,1953年,毛泽东和周恩来共同接见地质专家李四光,询问中国是否像西方所说的那样贫油?李四光在研究了新华夏系沉降带的地质特征之后,明确指出石油蕴藏量应该相当丰富。国家对石油的重视,无疑给未来的石油大业铺垫了一路基石。此后,在编制中国含油气远景分布图的时候,李四光和那些老专家以赤诚的爱国热忱和渊博的专业学识,规划了一幅代表石油勘探远景的宏伟蓝图,决策者们从此有了可靠的依据。1955年,成立了石油工业部,从此拉开了找油的序幕。

要搞油,就得有石油专家,培养石油专家的石油学院应运而生!

全家人经过一番仔细商讨,最终选择了收费最低、又刚刚成立的北京石油学院。当时王启民却很满意,他想石油专业是个冷门,那也不错啊!这就不至于与那些热门去拥挤!

四　铁骨柔情真豪杰

冷门大学

> 读大学、学地质，王启民拿出中小学跳级的拼劲，开始了他的学业。

王启民如愿以偿，终于考上了这个冷门大学——北京石油学院。

是因为刚成立的原因？北京石油学院的师生格外热情，报到那天迎接新生的队伍，在前门火车站摆开了好大的阵势。那时，北京火车站还没建成。先到的学员在老师的带领下，对刚下车的王启民他们进行了热情的接待。核实了入学通知，拿上行李，王启民随大家一起上了北京石油学院的接待车，直奔石油学院。当汽车经过天安门广场时，王启民激

先锋的话

有人曾经问我，为什么选择石油这个行业？

这实际是个"初心"的问题，我为什么选择石油作为一生从事的职业？其实，这里既有自我选择的原因，也有几分的天注定。我是浙江人，年轻时在浙江湖州中学读书，这是个重点中学，学生的成绩都很优秀，我怎么努力也赶不上他们，和他们相比，确实我是个笨人。我想笨人要想"笨办法"来做好工作，高中毕业时，我只好选一个"冷门"专业，考上了北京石油学院，将来搞石油。聪明人搞热门，笨人搞冷门，不与你们挤。

改革先锋 | 179

动的心情无以言表,他终于看到了在书本上看到的天安门,满心的自豪和骄傲。

大规模高速度的勘探找油,为未来的石油专家铺下了一路基石,王启民开始在北京石油学院厉兵秣马。王启民学的是石油地质,学习中,王启民觉得地质学一如立体几何,只要有一双透视眼,将那些复杂的结构看透,弄清这些结构以及它们之间的关系,得出结论就是易如反掌!

就在他全心致力于地质以及地质年代的钻研,不知何时,他发现时前时后、或左或右多了一双"大眼睛",食堂用餐,这双"大眼睛"会在对面注视,课堂发言,这双"大眼睛"会投来无限敬意,运动场上"大眼睛"会在远处送来一份鼓励。开始,王启民对此尚属不在意,一段时间之后,便不能不引起重视,这双"大眼睛"是位漂亮女孩,一口纯粹的京腔,确切地说是位漂亮的北京姑娘。这位北京姑娘叫陈宝玲,久而久之,相互关注的信息便开始传递。

一次,在图书馆的路上,两人并肩而行,目光不期而遇。

"我叫陈宝玲……"还是大都市的陈宝玲爽快。

"哦,我知道……"王启民轻描淡写。

"知道啊?我还以为你不认识我呢!"

"怎么会……同班同学嘛……"

"你好像从不正眼看人,是看不起我们吧?"

"不可能,只有别人看不起我的份……"

"那么自卑!是为父亲打成了右派?"

"这你都知道?"王启民惊异。

四 铁骨柔情真豪杰

"当然,你的抑郁早引起了我的注意……"

"哦?为什么?"王启民愈加惊异。

"因为你很优秀啊!据说中小学你都是跳级生,这么优秀的人怎么会整天愁眉苦脸?一定另有原因,一查,是令尊大人出了问题!"

王启民被揭了伤痛,一时陷入沉默。

"多舛的命运不仅是你一个,你看天下不幸的人太多了,幸与不幸,不在事件本身,而在于你如何感受……再说不死就得忍!"

王启民听后感之深深,从此对陈宝玲另眼相看。餐厅不再是默然相对,图书馆也不再是默默无语,运动场上更是频繁切磋,渐渐地两颗心开始靠拢,彼此依靠,相互抚慰。

王启民进校后的第一年,主要学习地质基础理论,一向具备沉思默想和透视眼的王启民,此时已将他放射性目光投向祖国无垠的大地,于意象中钻头般搜寻着千米地下的有效信息。他在学习、在积累,乘着想象的羽翼,他灵敏的思维已将那些有效地质数据储存于他大脑的信息库,为未来成为油藏工程专家准备了最基础资料。

在高等教育的这一时段,他脑海里第一个概念,石油是现代工业、现代国防和现代交通最为重要的动力资源,用石油制成的产品已达万种以上,广泛应用于国民经济发展的各个部门,深入到现代生活的一切领域,石油被称作是"工业的血液"!第二个概念就是"超英甩美",那个时代是以"超英甩美"为自豪的。因而学习文化知识,使祖国自立于世界民族之林,是那个时代有

志者的共识。第三个概念对他来说,却是一个泰山压顶!这巨大的压力不是来自别人,正是来自自己父亲的政治问题!他在反右斗争中被打成右派!伤痛也好,苦难也罢,总是阻挡不住命运的推进。

王启民就读的石油学院是五年制,然而,中国还是个贫油国,施展抱负的空间有限。一些学习好的同学准备改行,诸如当教师等。王启民原准备搞的冷门却成了"无门"!王启民慨叹,既然老天不眷顾,那就坚持一下再说吧。这一坚持,我国石油勘探取得了突破性进展,相继发现了新疆克拉玛依油田、青海冷湖油田。这对于一心想为国家作贡献的王启民,无疑是一个巨大的激励。

另外,因为王启民学的是地质专业,这就意味着未来一定得爬山越岭、野外作业。学院领导和老师一致强调,要完成这一使命就得有好身体,锻炼身体成了一大硬任务。心怀大志的王启民,这时便将全部精力投入到学习和锻炼中,教室、图书馆、运动场,三点一线的生活,王启民在其中循环往复,乐此不疲。

四 铁骨柔情真豪杰

良师益友

> 忠厚长者，亦师亦友，得其点拨，受益终生！

就在王启民三点一线循环往复之际，他得到了陈宝玲的倾情相助。从此，他们的往来，不再只是平淡的请教、同学的关心。

一天，陈宝玲同王启民聊起时事，率先表达了自己的观点："反右、反右倾，将一些正常的意见分歧和争论也上纲到两条路线的斗争，戴上右倾机会主义的帽子，显然是不恰当的。不过，这样一场涉及数亿人口的、彻底改变私有制的运动，不可能没有缺点和错误，你若能看开些，就不至于耿耿于怀了，那样就会轻装上阵。"

王启民听后，心中一震，觉得眼前这位姑娘很有见地，口里不禁夸赞："还是北京人厉害，我们都是同龄人，你的思想怎么就会高出一大截！"

陈宝玲微微一笑："哪里，这都是家父的见解！"

"老人家是做什么工作的？"王启民敬仰有加。

"人民教师，教书育人，人类灵魂的工程师！"

王启民似乎看到了灯塔："真羡慕你，有这样一位好父亲！"

"羡慕就分给你一半！"陈宝玲笑言。

"好哇！有机会一定向老人家请教！咦？老人家对时事还有什么高论？"王启民一时间来了兴趣。

"父亲一向主张向光明处看，这样就比较容易保持斗志！"

"对！这太重要了！我怎么就没有这么高层的思维方式……"

"这很容易，常去见见老人家嘛！亲自聆听他老人家的教诲！"

"老人家那么忙，能理我嘛……"

"那可以求我帮忙呀！"陈宝玲一语多维。说完转身走了，给王启民留下了苍天般的谜，如何理解就看王启民的悟性了。

经过很长一段时间的破解，王启民终于忐忑不安地跟着陈宝玲去见了她的父母，这是一个地道的书香门第，一家人互敬互爱，其乐融融，令王启民好生敬慕。一顿丰盛的饭菜后，陈父真就兴致勃勃地向王启民讲起了错综复杂的时政来。陈父说："当今的时事虽有些过头的地方，可我们要相信党一定有能力解决这些问题。"

陈父又经过一段深思熟虑，语重心长地说："其实人生有很多路可以走，就看你如何选择，像你们学理工的，并不一定非得去关心复杂的阶级斗争，只把自己的专业技术学好，将来有一技之长，服务社会，不是很好吗？完全不必那么较真。"

王启民踟蹰着说："有时是身不由己，大环境逼着你不得不去关心这些复杂的社会问题……我怎么能游离集体之外呢？"

四 铁骨柔情真豪杰

陈父极为赞赏："你有这样积极的人生态度是极为可贵的，那没问题，你可以积极参加班里的各种活动，表现得不卑不亢或者很积极也没关系，但有一条，一定不要多说话，尤其是反面意见的话千万不能乱说，人为什么长两只耳朵，一张嘴？就是要你多听少说！"

王启民迫不及待地说："陈伯伯真是高明！难怪教育了这么好的女儿！我若像宝玲这样天天得到陈伯伯的教诲，那该多好！"

"好啊！你若不嫌弃陈伯伯，就天天来！"

此后，王启民真就常到陈家，向陈伯伯虚心请教。从政治胸怀到品格素质，从基础理论到专业知识，全方位迅速提升。陈家上下自是一派欢心，得到了认可，年轻的王启民从此轻装上阵。

再后来，王启民与陈伯伯的关系一如父子，两人常常是夜阑更秉烛，相谈无边界。

随着更深层次的交往，陈父对他愈加关爱，就连王启民的锻炼方式都列入了日程。当时王启民酷爱举重，他认为举重最能锻炼身体，因而常常锻炼得废寝忘食，有时竟忘了去见陈伯伯。陈伯伯自然异常挂念，于是亲自去了运动场，见到汗流浃背的王启民，一眼看出锻炼方式不正确，这样下去不但得不到很好的锻炼，而且会无意中受伤，是很危险的，决不能掉以轻心。于是将王启民叫到身边语重心长地说："无论做什么事都要有程序，不能急于求成，不然会适得其反。你不按规范去做，是会受伤的，若是受了伤，基本健康都不保，何谈

锻炼！"

王启民虚心请教："那该怎么做？"

陈父诲而不倦："按程序从基础做起！"说着做起了示范，全面教授了规范的锻炼程序。

王启民佩服得五体投地，口中一会儿叫着陈老师，一会儿陈伯伯，融融父子情又上升到一个新高度。

陈父言不由衷地夸赞："像你这样具备'空杯心理'的青年是不多的，难怪你事事进步得如此之快，这是个极好开端，就这样保持下去，循环往复，螺旋式上升，一定会让你受益终生！"

1958年，全学院师生参加修筑十三陵水库大坝，晚上11点上班，早上5点下班，劳动强度很大，王启民一次挑4筐土，来回飞奔，多次受到表扬。这都与他锻炼有方不无关系，真正是德智体全面发展！

1959年国庆后，石油大会战的信息一如周天滚动的春雷，瞬间激活了每一个角落。人人欢欣鼓舞，个个奔走相告，石油工业部沸腾了，石油科研战线沸腾了，石油院校沸腾了！

巨大的冲击尤其激励着热血青年，北京石油学院已经是一派热带风暴！为油而生，为油而死，成为当时最纯粹的誓言，到松辽去，到第一线去，已是全校最迫切的宏愿！王启民是学地质的，随时到最需要的地方，随时到最艰苦的地方，早已是溶化在血液里的理念。

四月的北京，绝盛杨柳，清风朗月，却引不起王启民的兴致，他深深陷入自我矛盾。去松辽，到最艰苦的地方，成就一

四 铁骨柔情真豪杰

番大业,这是青年王启民的鸿猷,可再加上陈宝玲就没那么轻松了。陈宝玲是北京姑娘,家庭条件良好,学习成绩优秀,留北京到石油工业部、规划院都是有可能的。这样,她不但会经常见到父母,而且会有一个安定舒适的生活,起码会得到亲人的照顾。若是跟他走,情况就大相径庭。

首先大环境就是问题,尤其是父亲的右派帽子,令王启民感到前景动荡,若是因为这些不确定因素,在未来的道路上没干出彩,岂不对不起宝玲,更是辜负了陈家!

另外,也不知松辽的情况怎么样,远离家乡,没有亲人的

照顾，工作环境令他担忧。

而此时的北京石油学院已经沸腾，从领导到员工、从教授到学生，人人都在议论松辽大会战。志向远大的已将目标锁定，无所适从的在等候观望，欲求舒适的忙着挖门子找关系。不同的目标，将大家分为不同的圈子，彼此寻找立意的支持和印证。

经过一段沉思默想，王启民开始独立成章，他不需要支持也不需要印证，他只需要理解和平衡，理解他的志向，平衡他的心理。志向容易被理解，心理平衡却需要内外双向。带着自己的爱情远走他乡，去实现好儿女志在四方，这无可非议，甚至令人羡慕。可站到对方的角度，就不一定这样理解，很可能被理解为自私、自我之类。陈宝玲是否能与他达成共识，这是个问题。这问题深深搅扰着满心鸿猷的王启民，真正是把栏杆拍遍，欲说还休！

不出王启民所料，陈宝玲的志向不在荒郊野外，她想成为地质科学家，在地质理论上有所建树。凭陈宝玲的成绩和她的智慧，这理想的实现指日可待。

几度沉思默想，几经柔肠百回，王启民的钢铁意志、坚定信念，终于在天降大任的融汇中锻造出炉，他果然义无反顾！

聪明的陈宝玲早将这一切收入眼底，随即看出王启民的选择难以更改，她终于按捺不住，想与王启民论个清楚。

"启民，果敢决断的你，怎么突然变得默默无语？"

"唉……一言难尽呀……"王启民无奈而沮丧。

"何至如此！没有过不去的难关！说出来可以共同商量，何

四 铁骨柔情真豪杰

必一切问题自己扛！"陈宝玲投石问路。

"唉……只怕你不能帮我扛啊……"

"那你可以反过来，帮我扛嘛！"

"所以呀，问题就得自己扛嘛！"王启民在捍卫人生走向的问题上思维敏捷，他总是抢先占领高地。

"自己扛多累！两人扛就只负担一半！"陈宝玲早听出弦外之音。

"那就还是自己扛吧，各扛各的其实也是一样，免得还存在人情问题……"王启民捍卫着阵地，寸步不让。

陈宝玲见他滴水不进，不得不单刀直入："你知道留北京是极不容易的，而我们却很有条件留在北京……"

"可是你不要忘了，北京有油田吗？搞石油的不去油田，能有什么造就？"王启民一路论证，依然是寸步不让。

"造就……你也应该知道，在北京更容易成就大业，北京是首都，是祖国的心脏，这里人才济济，起跑线就高出一等……你不觉得这会事半功倍吗？"陈宝玲犯了一个错误，那就是，争论会使对方更加确信自己正确。

"成就大业？那是什么大业！天下大业太多了，你能个个都去成就？你学的是什么？丢下专业，去干别的，干到最后，也还是人家的尾巴！人家都是扬长避短，你倒反过来扬短避长！宁做鸡头不做凤尾，松辽固然艰苦，可我们到了那就是排头！"王启民一路宣泄。

陈宝玲觉察到王启民去意已决，再规劝也无济于事，突然觉得问题很严重，若真跟着他走，再想回北京那可是蜀道之

难！那个年月，户口是定身针，户口定到哪，人就得定到哪，从此就是一辈子！就算松辽能成就大业，而她象征身份的北京户籍，可就永远消失了！北京那叫皇城，那叫首都！这么严重的问题，可不是她一个人能扛得了的，她必须让两位老人出面，王启民是很听二老话的。

陈宝玲想好便向父母一一阐述，当然是添油加醋，一路渲染。她晓之以理，动之以情，竭尽全力将去松辽的负面效应传递给父母，以借父母之力来影响王启民。

母亲听后，正像陈宝玲所期望的，绝对希望王启民留下来。她知道王启民很优秀，若在北京成就一番事业，再帮助他们安置一个温馨的小家，女儿的一生是不用操心了。

父亲听后并没立即表态，他有自己的想法，女儿留在北京固然是好，事业亲情两全其美。可他早就看出王启民不是等闲之辈，大鹏展翅，一飞冲天，没有大空间的托浮，是没办法施展的。松辽那是个大场面，是仁人志士的舞台，王启民到了那里，一定是鹏程万里，前途无量！若因眼前小利误了大事，那可就悔之莫及！这样想过，便将女儿叫到面前："宝玲，你觉得启民这个人怎么样？"

"还用问？你们觉得怎么样我就觉得怎么样！爸，您直说吧。"

"我觉得他是个大才，应该得到充分发展，知道吗？大才是压不住的，他总会找到突破口，那何不顺其自然，任他发展呢！而且辅佐大才，也是功德无量！"陈父语重心长。

"难道我不是大才吗？他可以辅佐我嘛！"陈宝玲据理

四　铁骨柔情真豪杰

力争。

"儿啊！男为乾，女为坤，乾坤各有所司啊。"

在陈家父亲是天，大家都只有遵从的份，陈宝玲的命运走向就这样定了格，柔顺遵从安详辅佐。王启民意愿达成，等待他的是一片广阔天地。

痴情伴侣

> 王启民是她的一切!她为王启民做什么都值得!

陈宝玲与王启民到大庆实习,一历8个月。12月,实习生们返校写毕业论文,等待毕业分配。生活艰苦,身心疲惫,大庆的条件与北京就是天壤之别!陈宝玲原本有机会重新选择,可她已下定决心与王启民同道,便对会战的艰苦守口如瓶。

细心的父母还是从她一言一行中猜出了几分。不过没听到宝玲亲口说,只凭猜测,说明不了问题。

细心的母亲率先出击:"宝玲,你们去实习的地方怎么样?"但还是小心翼翼,采取试探式,生怕伤了女儿的自尊。

"很好啊!领导对我很重视,技术座谈会上还点着名让我回答问题呢,这可是最大的荣耀……"陈宝玲表现得不无自豪。

"点着名提问算什么,在学校老师天天提问,答不上来哭鼻子,那也叫重视?指不定是难为你吧!"母亲的提醒似乎在揭短。

"妈!瞧你说的,女儿有那么低能吗?别忘了,女儿可是学校里的高才生,到哪儿都是拔尖儿人才,你也太小看人了!"

"既然如此,怎么变得又黑又瘦?才8个月,整个变了个人,比在学校答不上题还受折磨吧?"母亲打破砂锅问到底。

四 铁骨柔情真豪杰

"妈!这可是两个概念,答不上题是心理受折磨,怎么就能扯上又黑又瘦?完全是两回事嘛!"陈宝玲啼笑皆非。

"那你是怎么变瘦的?"陈母乘胜追击。

"条件不好呗,风吹日晒,早出晚归,吃的又差,还能不黑不瘦!"陈宝玲随口说着,没留意母亲的言外之意。

"说实话了吧?新开垦的地方必然很艰苦,不说妈也知道。尝到苦头了吧?毕业后还回那个地方?"陈母确认自己的预料绝对正确,于是下决心留下女儿,她相信女儿在北京找个工作并不困难。

"不回怎么办……"陈宝玲一脸的无奈。

▼ 条件艰苦的大庆

"怎么办?在北京找工作呀!就你的成绩留北京还成问题吗?"

"妈,不是那么回事,东北虽说艰苦,可那里大有作为……学石油不搞石油行吗?搞石油就必须到松辽去!"完全是王启民的观点。

"看,我说着了吧?快跟妈说说怎么个艰苦法?"

"天当房,地当床,青天一顶,荒原一片!没有厨房,没有厕所,洗澡都是问题……"陈宝玲一吐为快。

"天!那可怎么生活?我想象到苦,可怎么也没想到会苦到这种程度,那你还要回去!"陈母真的急了。

"不回怎么办?"陈宝玲还是那句话,无奈又无力。

"参加会战不是自愿吗?难道有人逼你!"陈母急而又急。

"老太婆,你好糊涂!回不回不取决宝玲,而取决启民!地球绕着太阳转,这么简单的道理都不懂!其实,你要问宝玲的是,要不要跟启民走,这才是关键!"还是陈父抓得住要害,他一语道破机关。

陈宝玲母女一时无以言对,顿然陷入沉默。

"怎么没话了?我看宝玲就跟启民走吧,他留京,宝玲才能留,他铁心去松辽,宝玲还能跟他散了?"陈父极为直白,他心里也急,因为这毕竟关系到女儿的前途命运,那么艰苦的条件是他始料未及的,潜意识里也游弋着留下女儿的意向。而父亲毕竟是父亲,他得从大局着眼,他考虑更多的应该是如何建功立业,尤其是对王启民而言。

母女仍无言以对,做母亲的当然要考虑女儿的利益更多一

四 铁骨柔情真豪杰

些,可面对王启民的坚决,母女俩也是无计可施。

"说话呀,"陈父很想了解女儿的意见,他不知道女儿是如何选择婚姻和事业的,那个年月,恋爱关系一旦确定,是不能随意更改的,若王启民真铁了心去松辽,那女儿就会处于婚姻和事业如何选择的两难境地,陈父还是趋向女儿留在北京,女孩儿也很需要照顾。

"说什么?没听宝玲说,不回怎么办吗?她不是没法子了吗,你有主意还不快往外拿!"陈母更急。

"我看,把启民叫来,跟他好好商量商量,若他能留下来,一切问题不是都迎刃而解了!"陈父又沉思片刻,"好儿女志在四方,启民的决定绝不是普通人的一己之利,他想的是国家的大利,恐怕很难说服,商量也是听听他的意见而已,绝对不能强加于他!"

陈父先询问王启民8个月来实习的感受。

王启民率先讲了铁人王进喜的故事。1959年10月,王进喜被甘肃省劳模会议推举为国庆观礼团代表、全国公交群英会代表,在京期间,他看到首都的公共汽车背着又笨又丑的煤气包,心如刀绞,也就是在这个时候,东北的松基3井喷油,王进喜便主动请缨,要求参加大会战。一到现场,就是三句话,钻机到了没有,井位在那里,这里的最高钻井进尺纪录是多少。一个钻井队长,下了火车,一不问吃,二不问住,首先想到的是武器弹药、战斗岗位和努力目标。这可是战士的表现,指挥员的思想!他能很快成为战区的一面旗帜,那也是历史的必然!王启民深怀敬仰,他对陈父说,这个王进喜可不得了,一

脑子工作,一脑子会战,这才叫主人翁!钻机到了,没有吊车,没有拖拉机,就连大卡车都找不到,王进喜就说,我们30多人就是吊车、就是拖拉机、就是大卡车,决不能等!于是,王进喜领着全队30多人,各自带着卸车工具,直奔火车站。在王进喜的指挥下,撬的撬、拉的拉,将设备从货车上卸下来。然后,同样依靠人拉肩扛,又奋战三天三夜,把钻机搬到井场,将所有设备组装起来,仅仅三天,这个王进喜硬是把井架给立了起来!钻机真就开转了!在王进喜的感召下,每一个钻井队都干得热火朝天。

6月1日,不到三个月,原油就外运了!这是不是神速!钻井时王进喜腿被砸伤,当时晕了过去,让他住院,他偷着跑出来,挂着拐杖就上了井场。不久发生井喷,他又带伤跳进泥浆池,用身体搅拌泥浆。伤口被火碱烧得血肉模糊,可仍然坚持在井场。大家都是血肉之躯,人家为国家能做到舍身忘己,到了我们怎么就怕苦怕累了呢?再者,我们是搞技术、搞科学研究的,在室内的时间还是多些,顶多是吃点苦,这样对比起来,我们不是太惭愧了吗?

陈父听完,一锤定音:"去吧,就做王进喜这样的人,做铁人!"

1962年、1963年这两年,是王启民最为繁忙、最为不寻常的时刻,这期间,他开足马力向地下油藏规律冲刺。"启民啊,我们该有个家了吧……你的身体不好,这样我也可以方便照顾你。你每天住宿舍,吃不好睡不好的,我看你的病好像是重了些……"陈宝玲把自己的担心、关怀,断断续续传递过去。

四 铁骨柔情真豪杰

王启民经过深思熟虑,同意了陈宝玲的提议。随后向领导提出申请,领导当即同意,并向他们送上祝福。当时大家都住帐篷,四处透风,总工程师和主要领导也与大家同甘共苦。地质指挥所的书记刘通刚为照顾他们夫妇,专门腾出一间办公室作为他们的家,这样,他们就有了一个非常理想的栖息地。

两人携手并肩到民政部门领了结婚证,在"自愿结婚""经审查符合中华人民共和国婚姻法"等字样文书的呵护下,他们正式踏进了婚姻的殿堂。从此,除了工作,王启民又多了一份责任。

王启民是很在意陈宝玲的,新婚燕尔便向她许下诺言,他会做一个合格的丈夫,而且是一个光彩的丈夫!

"你希望我在大庆油田干出点成绩吗?"王启民郑重地问,只有在最心爱的人面前才会有这种庄严。

"当然,你干好我就喜欢……"

"干好,这个'好'是有档次的,你希望我好到哪一个档次?"王启民凡事都喜欢量化。

"当然最高档次!"陈宝玲纯属信马由缰。却想不到,她放开的竟是一匹飞奔的骏马,这一放就收不了缰,一任他奔向天尽头。

"好,一言为定,咱们走着瞧!"王启民斩钉截铁,宣布完他的誓言,便一去不返,试验现场一历十年!任凭陈宝玲千呼万唤。

一年之后,他们爱情的果实成熟了。陈宝玲快要临产了,可油田还不具备为产妇接生的条件,吃住都很艰苦。领导让陈

宝玲回北京生孩子,也是为了让她父母照顾方便。陈宝玲实指望王启民能送她一程,那时大庆没有直达北京的车,需要到哈尔滨换乘。陈宝玲收拾好行李,盼着王启民早点回来,王启民却忙着搞油田年终动态总结,根本抓不到他的影,陈宝玲也只能在无奈中等待。

一连几天过去了,王启民还没露面。一位老同学看到陈宝玲急迫无助的样子,就赶到前线找到王启民:"宝玲快生了,你还不赶紧去送她?你到底送不送?不送,我们送!"王启民连连说:"送,送。"

可他还是闷在办公室,三天三夜初步写出了十大试验的年终报告,这才连夜赶回家,第二天一早把陈宝玲送到哈尔滨。到哈尔滨后,陈宝玲感到身体越来越不舒服,就在车站附近找了一家卫生所作了检查,医生说:"预产期快到了,还是在这儿等着生吧。"

听医生这么说,王启民夫妇心理都很紧张,好半天,两人谁也没说一句话。陈宝玲知道王启民心里挂着她,可他更惦着那份没写完的试验报告,于是壮着胆子对他说:"我一个人回北京吧,反正坐车一天就到了。"

王启民十分感动:"宝玲,你真是个懂事的好妻子!按理说,我应该陪你一起回去,可你知道我确实脱不开身,只好委屈你了,路上要多加小心……"于是,陈宝玲忐忑不安地独自登上了开往北京的列车。

火车上,陈宝玲就觉得腰和肚子疼得一阵紧似一阵。旁边的大妈看着她吃力的样子,关切地说:"闺女,看你疼的样子,怕

四　铁骨柔情真豪杰

是快生了吧，别硬撑着，这种事可大意不得。"

听了大妈的话，陈宝玲害怕了，真不知该如何是好。大妈找来了列车员，列车员说："车上没有大夫，出了意外不好办，下站到锦州，我们帮你联系铁路医院，你就在锦州下车吧。"就这样，陈宝玲当天夜里，独自一人在锦州下了车，天黑漆漆的，陈宝玲的心缩成了一团。折腾到半夜12点多，孩子出生了。临产前，陈宝玲想把在锦州的情况告诉王启民，可又一想，他知道了也来不了，反而让他着急。于是，只把父母的姓名和北京地址告诉了医生。

当陈宝玲见到匆匆赶来的母亲，万般委屈涌上心头，泪水刷地流了出来，别人生孩子丈夫跑前跑后，精心照顾，可她呢，临产前连个签字的亲人都没有。为了纪念这段经历，就给这个女儿起名王锦梅——锦州的冬梅。每当叫女儿的名字，王启民就会一脸的遗憾。

女儿平安降生几个月后，陈宝玲带着女儿回了大庆，王启民看到母女健健康康、水水灵灵，心中别提有多喜欢，更是大赞妻子的能干，他为自己找了这样一个好妻子而自豪加骄傲。从此，他便放心大胆地将所有的家务全权委托给了陈宝玲，然后就一心一意地去寻找打开石油地宫的金质密钥，每当他有了收获，总要对妻子说：军功章啊，有我的一半也有你的一半！

王启民是快乐在他的工作里，而妻子陈宝玲的生活又是怎样度过的呢？70年代日子过得艰苦，秋冬之际没有青菜，只能挖个菜窖储存些白菜、萝卜、土豆，再盖个仓房放粮食、干菜。挖菜窖、盖仓房都是重体力劳动，本该是男人们的事，可陈宝玲家里却没有壮劳力。王启民在中区西部试验现场一待就是一两个月，偶尔回来一次，没有多久就又匆匆离去。身体状况又极差，别说他没有时间，就是有时间，也没有能力干这种重体力劳动。为了生活，陈宝玲带着女儿自己动手挖菜窖、和泥盖仓房。在没有王启民帮助的日子里，陈宝玲生活得虽有些委屈，可她对丈夫却是一往情深。因为他们心灵是相通的，他们有着共同的"革命目标"。

后来有了儿子，满以为王启民会为儿子在家多待几天，可孩子生下刚三天，王启民就去了试验现场。抛下陈宝玲一个人，月子饭都没人给做，吃的是老家寄来的黑芝麻米粉和挂面。营养也严重不足！又到了大年初一，王启民还在工作！陈宝玲一边带着儿子，一边忙着洗衣服，连顿饺子也没吃上。

儿子两岁的时候，因青霉素过敏休克了，造成心力衰竭。不久以后，又因扁桃体发炎，病毒侵入血液，致使儿子也得了类风湿。孩子从小就病恹恹的，陈宝玲也不敢要求儿子像健康孩子一样去拼命学习，学习成绩平平常常，最后，去读了哈工大的自费生。

陈宝玲虽是一切问题自己扛，可她痴心不改，无怨无悔。从头梳理，她为王启民牺牲了自己的理想，改变了一生的道路！可她铁心认定，王启民是她的一切！她为王启民做什么都值得！

四 铁骨柔情真豪杰

▲ 王启民与家人

恩深似海

> 父母情深,百善孝为先!

1961年9月,王启民领到了大学毕业文凭,在返回大庆油田的路上,王启民趁机回了趟老家,这是他上大学离家五年后,首次回家探亲。此时的家已是面目全非,作为顶梁柱的父亲已离家人而去。为了生存,大弟、二弟均已辍学,各自在工厂找了工作,小妹也因付不起学费辍学在家。母亲是一脸的沧桑,背也似乎驼了。

"妈妈……"王启民一进家门,便是止不住的两行泪水。

"好孩子,你可回来了!回来就好,这不都过去了嘛,还有妈顶着呢……"坚强的母亲将一切都扛在肩上。

"好在我已经毕业了,我马上就有工资了,我会养活你们,只要我在,大家就都有饭吃……"王启民信誓旦旦。

"总会好的,你两个弟弟都已工作了,吃饭不成问题,只要大家都好好活着就好……"母亲已是这个家的顶梁柱了,"孩子,你去的地方听说在大北边,一定很冷吧?"

"是啊,冰天雪地……"王启民看到母亲恐惧的眼神,立刻改了口,"不过挺好玩,可以堆雪人啊!还可以溜冰、滑雪……"王启民极力说得轻松,他的腰病只字未提。

四　铁骨柔情真豪杰

"那就好……你只管好好工作，家里有妈呢……"

王启民看到母亲已经把家支撑了起来，心里总算托了底。他知道他不属于这里，还有更重要的事等着他去做。母亲却抓住这宝贵的几天，给王启民缝了一件丝绵棉袄，还是母亲最知道儿子的急需，母亲知道他从小怕冷，而他偏偏又到了一个很冷的地方去工作，于是就赶制了这件丝绵棉袄。王启民的老家是丝绸之乡，老家人把丝绵棉袄当作最保暖的衣物，将满心的牵挂都缝在了棉衣里，真正是临行密密缝，意恐迟迟归。看着母亲高天厚土的关怀，王启民感悟到，只有建功立业才是报答母亲三春之晖的最佳选择，于是他暗下决心，一定干出样子来，让母亲因有这样一个儿子而感到自豪和欣慰！王启民的决心绝不是流于一时冲动，而是一旦决定就是矢志不渝，他竟用了一生的努力去践行这一承诺。

母亲知道儿子是个孝子，对家里的事不无牵挂。可她所有的孩子中顶数王启民最有出息，他已是飞出去的鸟，家里的事就不能再牵绊他。于是语重心长地说："启民啊，你父亲其实是个心性极高的，他常说要把孩子们都培养成才，以光宗耀祖，王家的祖业原本是很荣耀的。只是到了他这里，身体有残疾，没法子呀！后来又弄了个右派，这就早早撒手而去。撇下你们几个，就你一个读了大学，算是有出息的，底下的几个就只好认命了……也不知你父亲的右派是不是会连累你……是不是会影响你的前程！"

说到这，王启民倒觉得得天独厚，他可是到了一个"世外桃源"。余秋里、康世恩在油田首次技术座谈会上的讲话，无疑

是对知识分子的最大解放,所有的知识分子都可以在那片"世外桃源"施展才华,建功立业,不必为那些无谓的政治标签所牵扯,只需努力去工作。因而舒眉展眼地对母亲说:"妈,您二老积善成德,偏偏就让你们的儿子如此造化,我现在去的地方就是不计较政治标签,那些有问题的工程技术人员,甚至有档案记载的,都取出来烧掉了!领导号召大家,两耳不闻窗外事,一心只搞渗透率!我就是一心只搞自己的工作!"

母亲同样是如释重负:"好啊,这就好!只要儿子没受到家里的牵连,就是妈的福,妈也就只有这一件心事!"

"只是我刚刚毕业,还没有工资,一旦发了工资,就会寄回家来,让您老人家吃饱穿暖!"王启民表示极大的抚慰。

母亲欣慰地点点头,这也是对儿子最好的回报。

此次探亲王启民只住了短短的 5 天,帮着母亲做了些家里人无能为力的事,又同亲友聚了聚,便踏上归程,自是带着满满的牵挂。此后,每月他都将一半的工资寄给母亲!

1977 年 4 月,"工业学大庆"会议召开之际,王启民的母亲和妹妹王一民一起来大庆看望王启民一家。母亲到大庆已很长时间,却只见到儿子几面,每一面也只有几十分钟,连一次完整的交谈都没有。王启民自考上大学一历二十余载,很少与母亲促膝谈心,甚至见面都是屈指可数。此刻,他怀着同母亲亲近的冲动,率先进了母亲的卧室:"妈,真对不起,把您老从车站接来,就把您凉在家里,也没空陪陪您……"说着紧紧拉住母亲的手。

母亲没作声,却将一双慈爱的泪眼紧紧盯着久别的儿子。

四 铁骨柔情真豪杰

掐指算来,儿子已是不惑之年,可儿子的每一步都那么清晰地留在自己的眼前。因为家里穷,儿子小时候吃了不少苦,想到此,老人家眼里含的泪,不能自控地落了下来。

"妈,儿子让您伤心了……等工作告一段落,一定好好陪您……"王启民被母亲的泪水浸渍得不知所措。

母亲早看出儿子的难处,他工作那么忙,她怎么能让儿子只陪自己?她是在自责,由于自己能力有限,让孩子们吃了那么多苦,尤其是王启民。王启民性格内向,做的多说的少,不管吃多大苦,他都能默默忍受,不管让他干什么他都会乖乖去做。他从小就刻苦学习,还能自觉锻炼身体,老师们夸他很有集体荣誉感,班里分派的任务从不推辞。放学后,他总是躲在家里学习,还对小电器特别感兴趣,家里那部收音机被他拆拆装装,不知折腾了多少回。

自王启民参加工作后,她这个做母亲的,每月都能如期收到儿子汇来的30元钱,殊不知,那竟是儿子一半的工资。有时还能从汇款单上看到儿子几句简短的附言,那叫一个欣慰!

逢年过节,她总盼着能看到儿子的身影,可游子的拳拳之心,始终是用一张张汇款单来表达,而慈母的心意也只能用大包的湖州特产和亲手制作的爆鱼来回报。儿子读大学时就没有节假日,走上工作岗位就更没有了节假日,那也是可以理解的。在老家,眼看着人家的子女都从天南地北回家探望父母,她无法想象自己的儿子怎么就会那么忙,直到亲眼看见儿子的生活和工作,她才终于弄明白。一切尽在不言中,她抚了抚儿子的头,表示理解。

正在此时,儿媳陈宝玲已将饭菜摆好,喊他们母子上桌吃饭,这才结束了一场母子情感大战。

上了饭桌,王启民看到母亲同家里人一样在吃玉米饼子,一副难以下咽的样子,就问:"宝玲,怎么让妈吃这个?我不是让你想办法去买大米吗?妈和妹妹都吃不惯咱北方的面、粗粮的!"

母亲赶紧抢着说:"每月每人就供应2斤大米,前一阵宝玲上街买的都是高价米,现在你们也有了一双儿女,你们生活也不富裕,那种高价米谁吃得起!"

听母亲说的也有道理,可总不能没有米吃,让母亲跟着自己受苦,他略加思考,想出一个好办法:"宝玲,给大弟寄些钱,让大弟买些米给托运过来,妈不是就有米吃啦!"

母亲处处体会到儿子的孝心,却很少能见到儿子的身影,此次前来,总算弄懂了,儿子心中不仅装着亲人,更装着大庆、装着事业。

妹妹由于骑自行车摔伤造成严重驼背,对生活前途不免悲观失望,可此次前来,看到大哥患有严重的强直性类风湿脊椎炎,但工作起来却比健康人还积极有劲儿,这令她十分感动。另外,哥哥还经常给她讲父亲的事,鼓励她努力做一个对社会有用的人,她把这一切都牢记在心,等她回老家,一定找份工作,不再连累家里人。

饭后,王启民又带着"工业学大庆"的昂扬,匆匆赶回试验现场,去完成他稳产十年的历史使命!新形势、新气象,催促着大庆人上满发条般不停顿地运转,王启民被这发条牵引着,

四　铁骨柔情真豪杰

愈加难以停步。这时，他正在为第一次加密井制订方案，忙得马不停蹄！家庭、母亲、妹妹、子女，他一股脑都交给了陈宝玲，而把自己交给了油田。尽管他一心想为母亲尽尽孝道，怎奈工作繁忙，百事缠身，真是忠孝不能两全！

这时陈宝玲已是两个孩子的妈妈，就算王启民不常回家，家里也有五口人，陈宝玲要上班，要抚养一双儿女，还要照顾婆母和小姑，日子过得可够紧张。

婆婆将这一切都看在眼里，她知道儿媳不容易，可儿子更不容易，每天拖着病身子，没黑没白工作在现场。王启民偶尔回来一次，也是被腰痛折磨得无精打采，有时候疼得要休息一会儿，喘口气才能做下一个动作，儿子的腰弯曲着，已经成罗锅了。每当看到儿子满脸倦容回到家，让孩子给他踩腰，每当看到儿子抓住门框锻炼身体，她这个当妈的就心如刀绞，可她替不了儿子，也帮不了儿子的大忙，思来想去就只有给儿子减轻负担了。她和女儿来大庆，两人都帮不上儿子什么忙，只能是多添些麻烦，若她们离开大庆，就会给儿媳减轻许多负担。

再者，儿子整月整月都在野外搞试验，跟儿子相处的时候也不多，这跟在老家也没什么两样，不如就回老家，吃住都方便，也不用麻烦孩子们还得从老家往大庆托运，岂不两全其美？可老人家总还是舍不得离去，就这样思考着，琢磨着，一直拖到1979年。还是女儿一民一句话促使老人家下了决心，女儿说，想回老家找点事做。自己也是老大不小了，总不能老让哥哥养着，哥哥的身体也不好，可哥哥却一刻也不停地工作，她得向哥哥学习，做个有用的人。

经女儿一番开导,老人家终于下了决心。她趁儿子回家休整,便委婉地讲明了她的去意。

"启民,过来,妈有几句话要对你说。"

"来了!"王启民还以为母亲有些什么生活上的需求,赶紧放下手头的事进了母亲的房间,"妈,生活还习惯吧?大米还有吗?"说着亲昵地拉着母亲的手。

"儿啊,在这里生活得很好,你媳妇对我们照顾得周周到到,和在老家没什么两样,这你不用担心。只是你妹妹一天大似一天,她也该有自己的事,有自己的家了。"

"那没问题,等让宝玲找人给妹妹介绍个对象……可工作还一时解决不了……"王启民脸上泛着些许为难。

"这我知道,可是对象也没那么容易找……"母亲百分之百地理解,"我是想带她回老家,回老家就不一样了,地熟人熟,街坊邻居都看着你妹妹长大,指不定就能帮她找个好人家。在大庆可不行,人生地不熟,人家不了解咱,咱也不了解人家……"

"回老家?那可怎么行?回去你们怎么生活?在这,我和宝玲怎么也是个照应!"王启民全心挽留。

"照顾是没的说,可总不能让你们照顾一辈子吧!你妹妹她总得有自己的家,得有个稳定的归属。"

"唉,总会有办法嘛,车到山前必有路啊!"

"你那么忙,哪有时间管这些小事!待我回家慢慢去办,总会办得好。我们也没什么大事,都是些小事、家务事,慢慢办,什么时候办好算什么时候,这样也不会影响你的大事,岂不是更好?"

四 铁骨柔情真豪杰

"妈,妹妹的事也是大事,还有您老人家的身体也至关重要,有我和宝玲照顾总比回老家好!"王启民百般劝说。

"儿啊!实话告诉你,我也是想老家了,想你那些弟弟,就想回老家去看看。"母亲去意已决。

王启民略加沉思,觉得也有道理,弟弟和自己一样,都是妈妈的心头肉,母亲说想弟弟也是实情,自己和宝玲都很忙,也许就没照顾好母亲,回去后,那边弟弟多,待在一起也显得热闹,母亲在自己家里实在是太寂寞冷清了。

"也好,回去住一段,想来就再来。那我安排安排手头工作,送你们到上海,上海就有去湖州的车,送你们上了去湖州的车,你们就可以一路回家了。"

那时油田正策划搞第一次加密井,王启民实在是离不开,于是就决定只送他们到上海。后来,王启民对此不无歉疚,他说,这可能有点一厢情愿,领导让他顺便回家看看,他也下不了那个决心……一离开油田,心里就不踏实,没办法!

就这样,母亲和妹妹走了。回到湖州后,妹妹终于在街道办的馄饨店里找到了一份工作。不久,就组建了家庭,生养了儿女。后来,又在湖东新村开了一家杂货店,自食其力,日子过得有滋有味。她说,这完全是受了大哥的影响,不然就不会有今天的幸福生活。

此后,母子又是千山万水,王启民的一片孝心,只能再度用一张张汇款单来寄托。

父严子孝

> 一身正气,不争名、不争利,为远大理想持之以恒。

王庆文谈父亲的事迹视频

王庆文,大庆炼化公司销售部业务员。

他有一个特殊的身份,他是王启民的爱子!他跟随王启民一历50年,这50年的前半段,父亲可没给他留下什么好印象,在他眼里,自己的一切就跟爸爸没什么关系,自己的成长全是妈妈在亲历亲为。"爸爸"俩字,似乎就是个称呼而已。不过,反腐倡廉以来,王庆文对父亲可是刮目相看,他承认父亲的高见,更认可父亲的高洁,记得他给自己讲过的因纽特人的故事,这故事,他一直没搞懂是什么意思,直到近来他才明白,爸爸

四　铁骨柔情真豪杰

的故事旨在告诉他，最大、最好的遗产，莫过于给后代留下一门绝技，就算不绝，只是一门技能也好，因为那是造血，而不是输血！那么在儿子眼里，王启民是个怎样的父亲呢？

王庆文深情地说：爸爸是个特别坚强、有毅力的人，我小的时候，他在中区西部做试验，那时候他有类风湿，每个月最多回家一趟，我印象最深刻的是，他每次回来都说后背非常疼，趴在床上让我在他后背上踩来踩去，他说那样很舒服。在那个年代，医学水平不高，没有什么太好的治疗方法，这病如果说是爬不起来，人也就瘫痪了。所以每个月回来，我都在他后背上走来走去。另外，他们在中区西部的工作环境非常艰苦，那时我去过，他就在桌子上铺上褥子，让我睡在上面，冬天非常冷。

我小时候他就很少在家，妈妈上班，有时候晚上还要去单位开会，所以，我从小基本上处于没人照管的状态。所以，我小学的时候就学会做饭了。那时候可做的东西基本是白菜、土豆之类的，因为很小就开始做，所以这些菜我现在都做得很好吃！

我小时候也得了风湿病、一条腿长、一条腿短、瘸了，我妈带着我到处找医生看，而爸爸从来没有时间管我。在吃的东西非常匮乏的时代，别人的父母有时间去附近农村买点猪肉之类的食品，我爸他从没做过这些。那时候爸爸和他的同事们都有一个共同的信念：一心一意扑在工作上，全心全意为国家做贡献。他心里、眼睛里从来没有自己。

20世纪70年代末、80年代初，大庆开始盖楼房，大家都想让自己的生活水平能提高一些,都争着按自己的资历、贡献分房,他从来不争、从来不因为这些事有怨言,我记得从住楼房开始,我们家住的全是一楼。在我们的印象中,他没为这些事争过。一直到我们参加工作,他也是这么教育我们。

爸爸对于生活上的一些事丝毫不计较,因为他有远大的理想,他所有的精力都放在了开采试验、完成各种任务上。他做科研时,精力非常集中,什么事都不考虑,非常能坚持、非常有毅力。一直到现在他也是一样,每天坚持工作,不被各种琐事所困扰,心态非常好。

◀ 王启民给作者展示他的"新设想"

四 铁骨柔情真豪杰

这些品质，对我们都是很好的教育，所以我们也教育自己的孩子要竖雄心、立大志，像爷爷一样。

我参加工作初期，对他也有过怨言。油田为了提高采收率，建起了大庆油田助剂厂，就是现在的大庆炼化公司。

当时建厂的报告是我爸爸和周家俊局长策划的，他们又一起去北京汇报，然后才批准投建的。

毕业后，我被分配到油田化学助剂厂当了装卸工，在这个岗位一干就是几年。这个工作是给运油车装油，几班倒。这对一个类风湿病人来说，绝不是件轻松的活，特别是冬天倒夜班的时候。其实，我爸爸心里跟明镜似的，这工作对我确实是很严酷。

▼ 王启民办公室书橱一角

每当我出去值夜班,妈妈就魂不守舍,她呆呆地看着我走出家门,又呆呆地默数着时间,她不敢想象羸弱的我,怎么能承受得了严冬深夜的冷。装卸工是室外作业,活又很重。到了早上,妈妈又急切地盼着我回来。我回来了,妈的心里就更痛。因为劳累了一夜的我,身子跟散架了似的,有时连上床的力气也没有,往地上一躺,四肢朝天,妈妈就给我这里捶捶,那里捶捶,就像当年给我爸那样捶来捶去。

每当这时,我爸就坐在一旁,回顾当年的自己,自己也是这么痛苦地走着,可他挺过来了。如今,再恶劣的环境他也能适应。于是就小心翼翼地讲,"你们猜,当年我弓着腰走在冬天的黑夜里怎么想?"

"怎么想?"果然有效,躺在地上的我,忽地坐起来,我当然想向父亲取经,因为我当时是太痛苦了。

爸爸说,他是想这环境真好,让他在生命的最底线砥砺。就算条件永远这样,不是也能活下去么?况且也不会永远,只要稍换个环境就会比这好,那就是超值享受嘛!等等吧,事情会好起来的。

我想想这话有道理,就算黑夜加风湿,我不也是能工作吗?于是我就起身去洗脸,吃早饭去了。

后来,我提出调转,爸爸没直面反对,只是轻描淡写地说:"儿啊,好好干吧!不要跟社会上那些人攀比,年轻人要学会发现问题、解决问题。如果你是那块料,在哪儿都能干出名堂!你看人家石传祥就是个掏粪工嘛,背着个粪篓子,臭烘烘的,东奔西走。后来怎么样?全国闻名!年轻人锻炼锻炼有好处!"

四 铁骨柔情真豪杰

我没做通父亲的工作，就约了几个同学，趁傍晚爸爸回家吃饭，将他堵到家里，同学们准备给爸爸"上课"，开导开导他。

同学们坐下来，七嘴八舌就向爸爸"开了火"。大家你一言我一语，跟批判"反动派"似的，似乎不给我调动工作就是弥天大罪。

爸爸却不急不火，给我们讲了一个因纽特人的故事。他说：一家因纽特人有三个儿子，父亲临终前，给大儿子留下一大批海豹之类的冷冻食品，留给二儿子一些打猎的用具，三儿子什么也没给。此前，只教了他打猎的本领。不久，老人家便去世了。这时，老大暗自高兴，平时他就好吃懒做，老爸可真为自己着想，竟给自己留下这么多可食用的东西，心中直为两个弟弟担忧，他们可怎么活呀？老二虽

有一个下乡到新疆的女大学生，有个师傅负责带她。有一天师傅对她说："明天我带你出去转一转，还能吃到野山鸡。"

女大学生高兴地答应了，到了山上特别寒冷，他们点了一堆篝火，支了个帐篷。大学生问师傅："为什么没有野鸡呀。"

师傅说："你别着急！明天再看。"然后大家就都睡觉了。

第二天早上一看，果然一只野鸡，在熄灭的篝火边上冻死了。

大学生问师傅："野鸡为什么在这个地方会冻死？"

师傅告诉他："野鸡在4000米海拔以上的地方，多么艰苦他都能生存，但是篝火边，既暖和，又有人们吃剩的东西，它吃饱喝足就睡着了，然后火灭了它也冻死了。所以，它成了我们的俘虏。"

他通过这个故事告诉我们，人有远大的理想，为了自己的追求，可以不怕任何苦难。但是条件太好了，人反而会成为环境的俘虏。

没有大哥那么多可食用的东西，可手里毕竟还有些打猎的工具，尽管没有打猎的本领，有时还能弄点吃的，饥一顿饱一顿的，那也比弟弟强，弟弟一无所有，看他怎么活下去！

一年过去了，老大老二相继死去，只有老三活了下来，你们说这是怎么回事？爸爸的语气咄咄。

我和同学们面面相觑，猜测着，议论着，是啊！为什么只有老三活了下来呢？一时间，大家都迷惘。

爸爸却在他布下的因纽特人故事的烟幕中，逃之夭夭。

这个谜闷了我好几十年，直到我有了后代，才渐渐悟出其中的道理，那就是，最好的遗产就是一技之长！

后来爸爸对我说，人若有追求，与岗位好坏没关系，往往好的岗位对人的成长不一定有好处。这些事对我教育非常深，现在回想起来，经受过的锻炼对我成长非常有好处。

从父亲身上，我们看到了坚持和努力的作用。虽然他在我们小时候照顾我们的时间非常少，也从来没有辅导过我们学习，但是他以身作则，用自己的实际行动教育了我们，就是那种"为无为之事，行不言之教"的方式。

现在我也经常给女儿讲爷爷的故事，讲他怎样以坚韧不拔的精神走到现在，还讲他从来不争名、不争利的境界。我们从父亲身上学到了不谋私利、不贪享乐，为远大的理想持之以恒，从不为琐事烦恼。这些品质，也让我们的生活少了很多烦恼。他用自己的实际行动一路教化，对我们的影响极其深远，这使我们受益终生！谢谢爸爸！

四　铁骨柔情真豪杰

▲ 王启民与家人

家国情怀

> 担负国家重任,充当擎天大柱。

修身、齐家、治国、平天下,这是栋梁之才的选择。这类人的一生课题,就是担负国家重任,充当擎天大柱!

1960年6月17日,对王启民来说是塌天的日子。他那背负右派政治锁链、拖着残疾身体的父亲逝世了!烟雨迷蒙的大背景下,他收到了这个铅灰色的噩耗,那是浙江湖州老家发来的电报:父亲病故,速回家料理后事。看完电文,王启民顿觉天柱折,地维绝,乾坤东南倾!他本想用自己的成功来慰藉辛劳一辈子的老父亲,可如今已是永远不可能了!悲痛万分的王启民本该立即赶回去,对含辛茹苦将他养大,又省吃俭用供他上学的父亲尽最后的孝道。可当时正是现场实习的关键时刻,他又是试油队里懂石油的知识分子,若是走开,不仅会影响试油队的技术工作,还会被人误解。而试油队又是油田开发的侦察兵,属先遣部队,葡四井的试油关系到对这一带油藏的评

> **父亲的信**
>
> 原打算再苦再累也要让你弟弟妹妹进大学深造,现在看来王家只能培养出你一个大学生了,启民,你千万要珍惜自己的学习机会,刻苦用功,日后好好报效祖国,为湖州人民争光。

四 铁骨柔情真豪杰

价。王启民在井场徘徊,肝肠寸断,失去了主张。

就在他一筹莫展之际,王进喜"宁可少活二十年,拼命也要拿下大油田"的钢铁誓言在耳边轰然回响。目睹热火朝天的会战场面,他几经走到领导面前,又把涌到嘴边的话咽了回去。他强压悲痛默默地将电报揣进口袋,硬起心肠给老家回了封电报,请老家的亲友帮助料理父亲的后事。当时,举国上下正憋足了一口气,非要早日拿下这个大油田,这种时刻,谁离开会战现场,谁就有当逃兵的嫌疑,在这样一个大环境、大氛围下,王启民只能留下。

这几年一路走来,他们兄妹四人是在极其艰难的条件下长大成人的,靠的是父亲一点微薄的工资,还有母亲的坚韧不拔,再加上兄妹们各自的自强自立。不想就在他实习之际父亲过世,他没能回去,连送他一程的心愿也未能尽。父亲在抗战时期所遭受的苦难和父亲那颗拳拳的报国心,是他目睹了的,他敬重父亲,感谢父亲的艰难养育。

对父母的歉疚,令他对两位老人的记忆一如斧劈刀刻。他深深记得1989年中秋之际去南京开会,顺便回了趟老家。在没有了父亲的日子里,见母如见父,因为孤零零的母亲就是这个家的天!

这年的中秋节,母亲觉得月亮特别圆,月饼分外甜,看到久别的儿子,天地都浸透了蜜。"儿啊!回来一次不容易,可要多住几天呀!"母亲挽留着,把家里凡是能倒腾出来的特产美食一股脑儿搬上了餐桌。年逾古稀的母亲已是满头白发,一脸皱纹。王启民望着母亲牵肠挂肚的神情,不由一阵阵心酸,他

哪里能够多住？只有短短的三天！这叫他如何忍心说出口呢？王启民没马上回答，因为他不忍心在这位慈祥的母亲心上扎刀，只是喏喏地应着。口里品尝着母亲亲手做的美食，心里却感受着二十多年来未能尽孝心的歉疚。

自从参加工作后，极少回家，一切问题都是这位伟大的母亲自己扛！他回想自己小时候，父亲工作不固定，母亲便带着他们兄妹几个跟着父亲四处流浪，8岁大的哥哥因为没钱治病，眼睁睁离开人世，又因生活艰难无法抚养，二弟也被忍痛割爱送了人，妹妹生病还是因为没钱治，生生落下了残疾。这些肝肠寸断的痛楚，都是母亲一个人在承受！他真担心有一天母亲承受不住而轰然坍塌，可这位伟大的母亲为了大家都活得好，居然都挺了过来！

王启民似乎看到母亲每一条皱纹都藏着无尽的苦难，因为，那已逝岁月的累累伤痕，每一处都佐证着母亲的以泪洗面！尤其是父亲去世后，家里没有了经济来源，大弟和三弟初中没读完便当了工人，这一时段的艰难更是由这位伟大的母亲独自一人撑着。想到这些，他真想扑到母亲怀里大哭一场，可那有什么用？他又不能从此回到母亲身边，也只有给母亲多寄些钱，做做补偿而已。

饭后，母亲拉着他的手，问这问那，一会儿抚抚他瘦削的肩，嘱咐他要好好照顾自己，有病就快治，一会儿又捏捏他细弱的臂，叮咛他要多多吃饭，让自己再壮点儿，这样才好多干工作……

短短的三天时间在亲情的浸泡中悄然逝去，王启民该启程

四　铁骨柔情真豪杰

了。临别时,母亲拉着儿子的手,涕泪涟涟地央求:"儿啊!让妈再好好看看……以后有机会就多回来走走,妈老了,没几年活头了,见一回就少一回……"

就这样,分别的路上,母亲送了一程又一程,泪水伴着牵挂,一直送到离家很远很远的地方。当儿子独自走出去好长一段,回首一望,母亲还在那里招手,那挥舞着的手臂,挥出了一天的泪雨……

后来,就在"稳油控水"大战火爆进行之际,王启民家乡又来了一封信,信是大弟王新民发来的,信中写道:高堂老母突发脑血栓,生命垂危,无力的手总是指着大哥您的照片,全力挣扎着,盼望与儿子作最后的诀别。我们弟妹三个强忍悲痛的心情,合力呼唤您,大哥!为了老人能闭眼离开,您无论如何要回来一趟啊!

读着这声泪俱下的家书,王启民只觉得肝肠寸断。他恨不得立刻跑到母亲的身边。可当时油田正筹备召开一个很重要的技术座谈会,他是会上的主角,众多的领导、众多的技术骨干都等着他拿大舵。偌大的油田、偌大的举措,他怎么可能为一己私事就置大局于不顾!他无法离开!再者,"稳油控水"大战已经开始,整个油田都在严格地按步骤运行,并依照"三分一优"模式一步一步地实施着这个"稳油控水"战略蓝图。每天,他都得面对一线出现的各种问题,研究对策加以解决。况且,局长已向上级立下了军令状。能让攸关国家命运的油田生产等着自己吗!他只得怀着深深的歉疚,汇出400元钱,在汇单的附言栏中写道:工作脱不开身,望弟妹们代劳,万望照顾好母亲。

经过抢救,母亲终于脱离了生命危险,可从此瘫痪在床,生活不能自理,连说话的能力也失去了。弟妹们再三催促,让王启民回去,与母亲见上最后一面。见了王启民的汇款附言,大家便也无话可说。而做母亲的,在离开这个世界之前,唯一愿望就是想见上儿子一面。然而,深明大义的母亲,明白儿子在做重要的大事,没有再要求子女们催促王启民回湖州。母亲在病床上躺了整整六个月,于 1992 年 12 月 14 日离开了人世。当母亲去世的噩耗传来,王启民久久伫立于窗前,抚今追昔,悲恸不已。

父亲去世时,家里来了一封电报,要他马上回家。接到电报,王启民却没有对领导说,也没有给同事说,而是将电报锁了起来,只给家里寄了些钱,给弟弟写了封信。如今母亲又去世了,家里又来了电报让他回去,他还是不能回去。

此时正值油田第二个十年稳产艰难实施之际,同时又面临第三个十年稳产,第三个十年稳产就更艰难。可再艰难也得实现,因为这是全国人民的需要,而王启民恰恰又担任着重要的工作。如果一着棋走偏,那损失可就大了,不是什么百万千万的问题,而是十亿百亿!王启民太了解自己的母亲了,那是一个深明大义、坚韧不拔的伟大母亲。如果让他丢下这么重大的事情,回去为她老人家尽孝,她老人家心里也绝不会安宁!他默默地寄出一笔丧葬费,擦干眼泪,又匆匆走上自己的岗位,以此寄托对母亲的哀思……

故乡情结

> 故乡，一别就是一个花甲！故乡的一山一水都令他魂牵梦绕。

王启民出生在浙江省湖州市的埭溪，故乡的山，故乡的水，一如生命的印记，深深镌刻在他的骨子里。他以埭溪为人生目标的出发之地，他以湖州为事业鸿猷的腾飞平台！他认定，没有埭溪就没有他成长的依托，没有湖州就没有他事业的开拓！

湖州坐落于浙北平原，而浙北平原是全国著名的鱼米之乡、丝绸之府、产茶之地。湖州北接太湖，南临莫干山，东眺杭州

◀ 今天的湖州

湾,西望黄山,因而这里是山清水秀,人杰地灵!他就是被这样一方宝地养育成才,直至他把自己交给大庆油田,此后他就把故乡吸吮来的养分,一股脑播撒给了大庆,在油田浇铸了一座又一座高峰,使世界同行都为之刮目!应该说,他在大庆的硕果,是湖州的给养,他在大庆的功业,是湖州的助推!这样的故乡,他怎么能忘怀呢?

三四岁的时候,王启民一家为躲避日本侵略军的烧杀掳掠,躲进了莫干山避难。莫干山是浙西天目山的余脉,山势平缓,方圆不过百里,以清凉境界著称,杭嘉湖一带到了夏季酷热难耐,唯独莫干山凉爽宜人。

王启民很小就懂得如何挖野菜,哪些野菜好吃,哪些野菜不能吃,老早就烂熟在心。在避难的日子里,野菜成了一

今天的湖州

湖州是一座有着100万年人类活动史、2300多年建城史的国家历史文化名城,也是环太湖地区唯一因湖得名的江南城市。全市辖吴兴、南浔两区和德清、长兴、安吉三县,先后获得国家环保模范城市、国家卫生城市、国家园林城市、中国优秀旅游城市、中国魅力城市、全国城市综合实力百强市、国家森林城市、中国最幸福城市等荣誉称号,并成为全国首个地市级生态文明先行示范区。

湖州地处长三角中心区域,是沪、杭、宁三大城市的共同腹地,是连接长三角南北两翼和东中部地区的节点城市,离杭州75公里、上海130公里、南京220公里,交通十分便捷。入选世界文化遗产的京杭大运河穿境而过。

2005年,习近平同志到湖州安吉调研,首次提出了"绿水青山就是金山银山"的重要思想,湖州开启了"两山"重要思想诞生地、中国美丽乡村的发源地、太湖流域生态涵养地的生动实践。

四 铁骨柔情真豪杰

家人主要的食物。

日本投降后,王启民走出大山,回到湖州市读书。高中毕业后,考入北京石油学院,就很少有机会再回家了。但故乡,他一天都不曾忘记过。

他感恩故乡对他的养育,他牢记故乡给他的启迪,没有故乡的养育,没有故乡的教化,就没有王启民!

故乡,一别就是一个花甲!故乡的一山一水都令他魂牵梦绕,除了他私人的两次探亲,后来在全国各种会

> **"两山"理念诞生地——湖州**
>
> 记住湖州有许多方式。作为"两山"理念诞生地,湖州美好的生态环境和不断创新的"两山"转化模式,特别吸引世人的目光。
>
> 多年来,在践行"绿水青山就是金山银山"的道路上,湖州一路迅跑,经济强、百姓富、生态优、环境好的美好愿景正在逐渐变成现实。
>
> 到2030年,生态文明建设成为全省乃至全国示范,制度体系基本完善,治理能力不断增强,人居环境明显改善,实现"天更蓝、地更净、水更清、空气更清新、城乡更美丽",打造成为基本实现社会主义现代化的生态文明样板城市,成为美丽中国示范区。

▼ 山清水秀的湖州

议上,他还见过故乡的领导,他的一腔挂念都通过这些领导帮忙转达了。一个是家乡的绿化和旅游,另一个是蚕丝原材料的出口。他的一个意见是,家乡的山水草木,原本就很美,一定要提高档次,进一步搞好旅游事业,搞好"金山银山"的打造!另一个意见是,家乡是丝绸之府,千万别把那些原材料卖到国外,人家买去做出成品,再回头卖给中国人,捞取中国人的大价钱!

他语重心长,他牵肠挂肚,一腔思乡情结!

王启民已进入耄耋之年,可他风采依然:一头微微卷曲的浓发,一排整齐洁白的牙齿,目光炯炯、思维敏捷。他语言简洁,机锋四伏,那是他自信、城府的显示,若不是见多识广、阅尽人间,怎么会如此轻松指点?他笑声响亮、无私无畏,那

四 铁骨柔情真豪杰

是他积极、果决的剖白,不是高起点、大视角,如何能将万事看透?除了奉献还是奉献!奉献者才会无私无畏!

苍白的面孔依旧透着倦意,那是他常年劳作不息的外现,清瘦的身材依然呈现些"僵直",那是艰苦岁月赠予他的标识。这抹不去的生命印记,诉说着他往夕的辛劳与贡献!因此他光辉、他绚烂!

这些极好的品格,还为他平添了许多附加优势。

敏捷的思维、伶俐的口齿造就了他成为一个极好的演说家,面对大众广庭,他会将他的论述、观点行云流水般传播开去,所到之处一片教化!

响亮的嗓音,清纯的音色,附予了他歌唱的才能,每逢大小聚会,只要适宜,他总会高歌一曲,为平淡的生活增添一抹亮色,从此认定,人生是多么美好!

知识的力量、智慧的力量、精神的力量、心灵的力量,王启民兼而有之,因此他立下了一座座世界级的丰碑!可他并没有辗转眷顾,他仍义无反顾地面向未来!

五

王启民大事年表

五、王启民大事年表

1937年9月26日　出生于浙江湖州

1945年10月　就读小学

1956年9月　考入北京石油学院石油地质专业

1960年4月　到大庆油田地质实习

1961年9月　毕业后分配到大庆石油会战地质指挥所动态组工作

1962年6月　与陈宝玲结婚

1963年11月　女儿王锦梅在锦州出生

1964年　在大庆油田勘探开发研究院从事油田开发研究试验工作，任技术员

1969年5月　儿子王庆文在大庆出生

1970年　被派到中区西部开发试验区

1977年10月　任大庆油田勘探开发研究院开发室油藏工程师

1978年9月　"中区西部综合措施接替稳产技术"获全国科学大会奖

1978年　当选第五届全国人大代表，同年加入中国共产党

1984年3月　任大庆油田勘探开发研究院综合技术室副主任，工程师

1984年7月　任大庆油田勘探开发研究院副总地质师、高级工程师

1985年　"大庆油田长期高产稳产注水技术"获国家科技进步奖特等奖

　　1985年　被国家人事部命名为"中青年有突出贡献的专家"

　　1991年　"大庆油田表外储层工业开采评价研究"获中国石油天然气总公司科技进步一等奖

　　1991年　被授予黑龙江省特等劳动模范，并被批准享受国务院特殊津贴

　　1992年2月　任大庆油田勘探开发研究院副院长

　　1994年　"大庆油田高含水后期油田开发先导性现场试验"获中国石油天然气总公司科技进步二等奖

　　1995年　"大庆油田高含水期'稳油控水'系统工程"获中国石油天然气总公司科技大会特等奖、国家科技进步奖特等奖

　　1995年　获"孙越崎科技教育基金"第四届能源大奖

　　1995年　获全国先进工作者（全国劳动模范）荣誉称号

　　1996年　获中国石油天然气总公司首届铁人科技成就奖金奖

　　1996年8月27日　大庆石油管理局作出"关于开展向新时期铁人王启民同志学习的决定"

　　1996年10月　任大庆油田勘探开发研究院院长

　　1997年1月15日和3月31日　中国石油天然气总公司和黑龙江省委分别做出"关于开展向新时期铁人王启民同志学习的决定"

　　1997年1月17日　中国石油天然气总公司工作会议在人

五 王启民大事年表

民大会堂召开。会前,王启民受到时任中央领导的亲切接见,并称他是"新时期铁人"

1997年4月28日　黑龙江省人民代表大会常务委员会决定,授予王启民同志"省特等劳动模范"称号

1998年12月　任大庆石油管理局局长助理

1999年9月　任大庆油田有限责任公司总经理助理、副总地质师

2001年　"大庆油田高含水后期水驱挖潜技术研究"获中国石油天然气集团公司特等奖

2001年　获第七次李四光地质科学奖野外地质工作者奖

2005年　"一类油层聚合物驱油进一步提高采收率技术"获大庆油田有限责任公司特等奖

2009年9月10日　王启民被中组部、中宣部评为"100位新中国成立以来感动中国人物",9月14日,"双百"代表座谈会在北京举行。王启民受到党和国家领导人胡锦涛、习近平、李克强等领导人的亲切接见

2009年9月22日　中华全国总工会授予王启民"时代领跑者",新中国成立以来最具影响力的劳动模范荣誉称号

2018年12月18日　庆祝改革开放40周年大会在人民大会堂举行,中共中央、国务院决定,授予100名同志"改革先锋"称号,王启民作为黑龙江省和中国石油唯一一位代表名列其中,并接受党和国家领导人习近平等人颁发的证书和奖章

2019年2月19日　中共黑龙江省委下发关于开展向王启

民同志学习活动的决定

2019年3月1日　在大国工匠2018年度人物颁奖典礼上，王启民以改革先锋的名义为石油石化战线的"大国工匠"谭文波颁奖

2019年5月1日　央视《新闻联播》再次聚焦大庆油田，采访了新铁人——王启民